Schluss mit Windows!

Ralf-Peter Kleinert

Das Buch:

Ich habe meine ersten Computererfahrungen auf MSDOS und dem Commodore C64 mit BASIC gemacht. Dann habe ich die Geburt von Windows in der Bundesrepublik Deutschland miterlebt, und mein erstes Windows war Windows 3.1, welches noch auf DOS aufsetzte. Auch Windows 95 war noch ein DOS-basiertes System.

Im Laufe der Jahre habe ich unzählige Installationen von Windows 3.1 bis hin zu Windows 11 durchgeführt - oft, weil ich das Betriebssystem durch mein Wühlen unter der Haube gegen die Wand gefahren hatte. Es war eine fantastische Reise bis heute. Aber nun sind Windows und Computer keine technischen Geräte mehr, die nur von Nerds verwendet werden. Computer sind zu den Systemen herangewachsen, die den Gang der Welt bestimmen.

Nahrungsmittelerzeugung, Gesundheitsversorgung, technischer Fortschritt und sogar Kriegsführung – ohne Computer ist unsere Gesellschaft nicht mehr überlebensfähig. Aber so weit soll dieses Buch nur am

Rande gehen. Zunächst möchte ich Privatpersonen Wege aufzeigen, wie ihre Daten auch heute so privat wie möglich bleiben können. Und Windows wird zunehmend ungeeigneter, wenn es darum geht, dass die eigenen Daten in den eigenen Händen bleiben.

Ich möchte Ihnen eine Alternative zu Windows vorstellen, die enorme Vorteile bietet. Aus Gründen der Einfachheit und eines möglichst problemlosen Umstiegs von Windows auf Linux habe ich mich entschieden, das sehr beliebte und verbreitete Linux Mint auf Basis des hochstabilen Debian vorzustellen. Die Vorteile sind klar: Kein gewinnorientiertes Unternehmen, sondern eine Community entwickelt dieses quelloffene System. Es gibt keine versteckten Code-Teile, die von der Community übersehen werden könnten. Sie haben volle Datenkontrolle, keinen Kontozwang, hervorragende Stabilität und für jede Windows-Software gibt es Alternativen. Das Beste: Alles ist kostenlos!

Wir wissen heute alle nicht, wo die Reise am Ende hingeht, weder bei Windows noch bei Linux. Heute, im Jahr 2024 allerdings, gibt es in Bezug auf Datenschutz,

Kostenausgeglichenheit und Datenhoheit keine bessere Alternative zu Linux. Ganz salopp: Wenn Sie 2024 wollen, dass Ihre Daten Ihre Daten bleiben, dann kommen Sie an Linux nicht vorbei. Was in der Zukunft passiert? Warten wir ab – es bleibt spannend!

Der Autor:

 Ralf-Peter Kleinert, geboren im Januar 1981 in Hennigsdorf bei Berlin, ein echter DDR-Bürger. Seit es den Commodore C64 gibt, lernte ich alles über Computer, was ich in die Finger bekommen konnte.

Das Schöne daran war, dass ich die gesamte Entwicklung miterleben durfte – von der lahmen Klapperkiste bis zur Höllenmaschine, die heute unter meinem Schreibtisch steht. Ein Handy zum Beispiel übertrifft heute alle Computer von damals. Das Wissen über Rechner und der Drang zu lernen führten mich immer tiefer in die Materie.

Nun blogge ich einen Teil meines Wissens auf Webseiten und schreibe dieses Buch. Die Programme wurden besser, und das Internet kam auf. Heute nutze ich es vor allem als Social Media Manager. Als IT- und Computerexperte seit Windows 95 kann ich auf viele Jahre voller "Computerprobleme" zurückblicken. Ich glaube, dass gerade wegen der Probleme, die Compu-

ter verursachen, überhaupt erst die Experten heran-
wachsen.

Als Social Networking im Web 2.0 begann, hatte all
das Lernen plötzlich einen tieferen Sinn. Alleine im
Zimmer zu sitzen war seitdem vorbei. Auf einmal
wurden Computer vernetzt und die Kommunikation
mit Menschen begann, statt nur mit einem Disketten-
stapel zu hantieren. Ob es viele Gleichgesinnte gab,
wusste ich vorher kaum. Zunächst trafen sich aber nur
Nerds im Netz, und diese wurden teils belächelt oder
auch gehänselt. Heute ist Networking normal, weil
quasi jeder online ist.

Von 2010 bis 2012 absolvierte ich meine Wunsch-Aus-
bildung zum Mediengestalter beim Silicon Studio
Berlin. Hier durfte ich mein Wissen festigen und aus-
bauen. Da ich auch Erfahrung in der Fotografie hatte,
absolvierte ich zusätzlich ein Praktikum bei „One I A
Fotostudio". Das Fotografieren ist ein wichtiger
Bestandteil des Social Media Managements und hat
meine Fähigkeiten in diesem Bereich weiter vertieft.

Meine Zertifizierungen umfassen:

IT-Sicherheit - Schutz für KMUs und StartUps

Netzwerktechnik, Netzwerksicherheit und Wireshark

Cybersicherheit - Schutz vor Hackerangriffen

Linux Firewall mit Fail2Ban gegen Brute-Force-Angriffe

Die komplette SQL Masterclass

Linux-Administration und Systemmanagement

Nextcloud installieren, einrichten und anwenden mit Linux Ubuntu

Microsoft Azure Administrator

Microsoft 365 Security Administrator

Microsoft 365 Identität und Dienste

Industrielle Cybersicherheit 2024

Ethical Hacking mit Kali Linux

Microsoft Active Directory Windows Server 2022

Weitere Schulungen in:

Computernetzwerke (CompTIA Network+)

Computersicherheit (CompTIA Security+)

Schluss mit Windows!

Jetzt kommt Linux!

von

Ralf-Peter Kleinert

Auflage 2 - 2024

Taschenbuch

KDP-ISBN: 979-8336059748

Schrift: Vollkorn

Cover: Ralf-Peter Kleinert / Adobe Photoshop

ralf-peter-kleinert.de

kontakt@ralf-peter-kleinert.de

Inhaltsverzeichnis

1. Einleitung

Hallo liebe Leserinnen und Leser,

in diesem Buch möchte ich Sie auf eine spannende Reise mitnehmen, weg von der Welt von Windows hin zu einer neuen, offenen und flexiblen Umgebung: Linux. Der Wechsel von einem etablierten Betriebssystem wie Windows mag auf den ersten Blick herausfordernd erscheinen, doch ich bin überzeugt, dass Sie nach der Lektüre dieses Buches mit dem nötigen Wissen und Selbstvertrauen ausgestattet sein werden, um diesen Schritt erfolgreich zu meistern. Gemeinsam werden wir die vielen Facetten von Linux erkunden, von der Installation bis zur alltäglichen Nutzung, und dabei aufzeigen, wie Sie mit diesem leistungsstarken Betriebssystem Ihre Computererfahrung neu definieren können. Mein Ziel ist es, Ihnen nicht nur die technischen Grundlagen zu vermitteln, sondern auch die Philosophie und die Freiheit, die Linux bietet, näherzubringen. Seien Sie bereit für eine Veränderung – Schluss mit Windows, jetzt kommt Linux!

Mit freundlichen Grüßen, Ralf-Peter Kleinert
Bitte bewerten Sie dieses Buch nach der Lektüre, nur so kann ich etwas besser machen.

2. Warum von Windows zu Linux?

Des Datenschutzes und der Sicherheit wegen. So salopp kann ich es zusammenfassen.

Wichtiger Tipp: Handeln Sie keinesfalls unüberlegt oder überhastet. Auch wenn der Entschluss bereits feststeht, von Windows zu Linux zu wechseln! Beginnen Sie keinesfalls mit der Arbeit »Windows zu killen«, bevor Sie Kapitel 18 durchgearbeitet haben!

Ich verwende Windows seit der Version Windows 3.1. Damals, als Computer noch exotisch waren, war das alles extrem interessant und absolut spannend. Doch mit den Jahren entwickelte sich Microsoft zu einer gierigen Datenkrake. Heute sind wir inzwischen an einem Punkt, an dem der Datenschutz bei der Wahl eines Betriebssystems eine zentrale Rolle spielt. Deshalb informiere ich hier nun in meinem neuen Buch »Linux statt Windows« über die Nachteile von Windows und die dagegen stehenden Vorteile von Linux. Klar ist, dass beide Systeme Pros und Kontras haben - aber wenn Sie sagen: »Die Daten gehören mir«, sticht ein Kandidat negativ hervor.

Windows, das von Microsoft entwickelte und momentan weltweit am weitesten verbreitete Endbenutzer-

Betriebssystem, bietet zahlreiche Funktionen und ist auf unzähligen Computern installiert. Doch trotz seiner Popularität und Vielseitigkeit gibt es erhebliche Datenschutzbedenken, die Nutzerinnen und Nutzer beachten sollten. In meinem Buch werden die wichtigsten Nachteile von Windows in Bezug auf den Datenschutz detailliert beleuchtet, darunter Kontozwang, die Integration von OneDrive, Virenanfälligkeit und Updateprobleme.

Ein für mich zentraler Nachteil von Windows im Bereich Datenschutz ist der sogenannte Kontozwang. Seit Windows 8 hat Microsoft zunehmend darauf gedrängt, dass Nutzer sich mit einem Microsoft-Konto anmelden, um das volle Potenzial des Betriebssystems ausschöpfen zu können. Dieser Zwang zur Erstellung eines Kontos wirft erhebliche Datenschutzbedenken auf, da Microsoft dadurch Zugang zu einer Vielzahl persönlicher Daten erhält. Dazu gehören E-Mails, Kontakte, Kalenderdaten und sogar Einstellungen und Präferenzen, die über verschiedene Geräte hinweg synchronisiert werden. Diese zentrale Datenspeicherung birgt das Risiko, dass sensible Informationen gesammelt und möglicherweise ohne das Wissen oder die Zustimmung der Nutzer verwendet werden. Microsoft kann doch nicht glaubhaft erklären, dass diese sensiblen Daten nicht für weitere Dienste oder

zur Weiterentwicklung von anderen Diensten heran-
gezogen werden.

Ein weiterer bedeutender Kritikpunkt ist die Integration von OneDrive, Microsofts Cloud-Speicher-
dienst, der oft ohne ausdrückliche Zustimmung der
Nutzer aktiviert wird. Dateien und Dokumente
werden automatisch in die Cloud hochgeladen, was
nicht nur den Datenschutz gefährdet, sondern auch
die Kontrolle der Nutzerinnen und Nutzer über ihre
eigenen Daten einschränkt, oft sogar vollkommen ent-
zieht. Insbesondere in Umgebungen, in denen sensible
oder vertrauliche Informationen verarbeitet werden,
kann diese automatische Synchronisierung ein erhebliches Sicherheitsrisiko darstellen. Außerdem wissen
wir inzwischen, dass alle Daten die in die Cloudsys-
teme hochgeladen werden, ausgelesen und auch analysiert werden. Wenn dort Daten dabei sind, die durch
die Microsoftfilter gesperrt werden, geht es inzwischen so weit, dass Konten gesperrt und die Daten
unwiederbringlich verloren sind.

Zusätzlich dazu ist Windows bekannt für seine Virenanfälligkeit. Aufgrund seiner weiten Verbreitung ist
das Betriebssystem ein bevorzugtes Ziel für Malware
und Hackerangriffe. Diese Bedrohungen können dazu
führen, dass persönliche und vertrauliche Daten

gestohlen oder kompromittiert werden. Trotz kontinuierlicher Sicherheitsupdates und integrierter Schutzmechanismen bleibt das Risiko bestehen, insbesondere für Nutzer, die nicht regelmäßig Sicherheitsupdates installieren oder keine zusätzliche Schutzsoftware verwenden.

Ein weiteres Problem sind die häufigen und teilweise problematischen Updates von Windows. Microsoft führt regelmäßig Updates durch, um Sicherheitslücken zu schließen und die Leistung des Betriebssystems zu verbessern. Allerdings haben diese Updates oft unerwartete Nebenwirkungen, die die Stabilität des Systems beeinträchtigen können. Schlimmer noch, einige Updates werden ohne vorherige Ankündigung oder Zustimmung des Nutzers durchgeführt, was zu unerwarteten Neustarts und Datenverlust führen kann. Diese Update-Problematik stellt nicht nur ein Ärgernis dar, sondern kann auch die Sicherheit und den Datenschutz der Nutzerinnen und Nutzer gefährden, wenn ungeplante Systemänderungen zu neuen Sicherheitslücken führen.

Es zeigt sich täglich, dass Windows trotz seiner zahlreichen Vorteile und weit verbreiteten Nutzung erhebliche Nachteile im Bereich Datenschutz aufweist. Der Kontozwang, die erzwungene Integration von One-

Drive, die Anfälligkeit für Viren und Malware sowie problematische Updates stellen ernsthafte Risiken für die Privatsphäre und Sicherheit der Benutzer dar. Es ist daher wichtig, dass Nutzerinnen und Nutzer sich dieser Risiken bewusst sind und entsprechende Maßnahmen ergreifen, um ihre Daten zu schützen. Dazu gehört unter anderem die Nutzung von zusätzlichen Sicherheitsprogrammen, das sorgfältige Verwalten von Cloud-Diensten und das regelmäßige Überprüfen und Anpassen der Datenschutzeinstellungen des Betriebssystems. All das zieht eine ganze Kette von weiteren Nachteilen nach sich: ständige, gar tägliche Wachsamkeit und Prüfung, kostenpflichtige Zusatzsoftware und täglich damit rechnen, dass der Rechner ganz ausfällt. Und das ist keine bloße Behauptung. Ganze Systeme werden durch fehlerhafte Updates von jetzt auf gleich lahmgelegt. Meiner Meinung nach hat Microsoft den Bezug zum Kern verloren und ist sich seiner Stellung auf der Welt nicht mehr bewusst. Microsoft stellt meines Erachtens ein erhebliches Sicherheitsproblem für die gesamte Welt dar und sollte nicht als gewinnorientiertes Unternehmen ohne staatliche Kontrolle agieren dürfen.

2.1 Eigene Notizen

Eigene Notizen

3. Weltweiter IT-Ausfall am 19.07.2024

Überall in den Nachrichten, begonnen am 19.07.2024 wurde berichtet, dass es einen gewaltigen Crash nach einem fehlerhaften Update einer Windows Sicherheitssoftware des Unternehmens Crowdstrike. Ich will jetzt hier gar nicht genauer auf das Problem, des Herstellers eingehen, denn alle Informationen können im Netz nachgelesen werden.

Im selben Zuge vielen die 365 Dienste, Outlook, Teams und weitere in Deutschland, Großbritannien, Spanien, den USA und Indien aus. Das gesamte Ausmaß ist noch immer nicht beziffert. Banken, Kliniken, Firmen, Privatleute und Flughäfen – alles »schmierte ab«. Ich habe schon oft auf Facebook, Instagram und LinkedIn veröffentlicht, dass dieser Tag kommen wird. Ich sage wirklich immer, wenn ich mit irgendeinem technischen Support telefoniere, wie z.B. dem der Telekom, WhatsApp-Sim oder Freenet-TV folgenden Satz: »Der Mensch verliert die Kontrolle über seine Technologie!«

3.1 Eigene Notizen

Eigene Notizen

4. Will ich meine Daten offenlegen?

Bei all den negativen Eigenschaften die Windows, oder viel mehr das Unternehmen Microsoft, welches hinter Windows steht, mit sich bringt, sollte sich jede und jeder die Frage stellen: »Will ich das?«

Ich stelle jetzt viele »Will ich ...« Fragen, um ihnen einfach aufzuzeigen, welche Fragen Sie sich selbst wirklich stellen sollten.

Will ich Microsoft alle meine Daten überlassen? Will ich, dass Microsoft mir vorschreibt, welches Programm, welche App ich nutzen will und darf? Will ich, dass Microsoft ungefragt an meinem PC oder Laptop Software-Änderungen vornimmt? Will ich Werbung im Startmenü sehen? Will ich Werbung in Ordnern und in den Einstellungen sehen? Will ich von Microsoft bevormundet werden?

Will ich, dass Microsoft KI-Systeme auf meinen PC packt? Will ich, dass diese KI-Systeme meinen Bildschirm fotografieren, rund um die Uhr? Will ich, dass Microsoft mir ein Backupsystem zur Verfügung stellt, welches einzig dazu dient meine Daten in die Cloud zu verlagern? Will ich, dass meine Dateien, Fotos und Videos in die Cloud wandern und im elektronischen

Nirwana von Microsoft und vielleicht noch von Drittanbietern gelesen, gefilzt und zum Training von KI-
Systemen verwendet werden? Will ich weiterhin das
Risiko von problematischen und nicht vernünftig
getesteten Updates in Kauf nehmen?

Will ich meinen E-Mail-Verkehr, meine Dokumente
und Dateien in eine Cloud legen, die das Risiko eines
Ausfalls birgt? Will ich, dass Microsoft weiter daran
arbeitet meinen gesamten PC in die Cloud zu verlagern? Will ich alle meine Daten aus der Hand geben?

Dann noch weinige andere Fragen, die Sie sich stellen
sollten: Kann ich damit leben, keinen Zugriff mehr auf
meine Daten zu haben weil …

… das Internet mal wieder nicht funktioniert?
… die Microsoft-Cloud mal wieder abschmiert?
… das Internet schlicht zu langsam ist?
… Microsoft was an meinen Daten missfällt?
… Microsoft mal wieder gehackt wird?
… mein Microsoftaccount gehackt wird?

Will ich weiter Geld für Software bezahlen, weiter
Geld bezahlen, um die Dienste von Microsoft zu verwenden?

Wenn Sie alle diese Fragen mit »Ja« beantworten können, behalten Sie Windows einfach. Wenn Sie allerdings bedenken und das Gefühl haben, dass es vielleicht doch nicht so gut ist, Ihre Daten vollkommen in die Cloud zu verlagern und Microsoft und anderen bereitwillig ihren Datenbestand anzuvertrauen, dann lassen Sie uns zusammen erörtern welche Optionen aktuell zur Verfügung stehen.

Da Windows schließlich bekanntermaßen immer mehr Informationen der Nutzerinnen und Nutzer sammelt, einen Kontozwang etabliert und seine Systeme zunehmend in die Cloud verlagert, stellt sich die Frage: Wollen Sie das wirklich? Wollen Sie, dass all Ihre persönlichen Daten irgendwo im Internet auf Servern gespeichert werden, die für Microsoft und potenziell für Dritte, wie Hacker, zugänglich sind? Diese Entwicklung wirft nicht nur ethische, sondern auch sicherheitstechnische Bedenken auf, die es wert sind, gründlich untersucht zu werden.

Die digitale Welt, in der wir heute leben, ist geprägt von einer ständigen Vernetzung und dem Drang, immer mehr Daten in die Cloud zu verlagern. Diese zentralisierte Speicherung mag auf den ersten Blick bequem erscheinen – Sie können von überall auf Ihre

Dateien zugreifen, Ihre Einstellungen werden synchronisiert, und Ihre Software bleibt immer auf dem neuesten Stand. Doch all diese Vorteile haben einen hohen Preis: die Kontrolle über Ihre eigenen Daten. Mit jedem Klick, mit jeder Nutzung eines cloudbasierten Dienstes geben Sie ein Stück dieser Kontrolle auf und überlassen sie einem Unternehmen, dessen Geschäftsmodell nicht unbedingt mit Ihren Interessen übereinstimmt.

Noch bedenklicher ist die Verlagerung von Systemen und Daten in die Cloud. Ihre persönlichen Daten – seien es Dokumente, Fotos, E-Mails oder sogar Ihre gesamte Computerumgebung – werden auf Servern gespeichert, die Sie weder sehen noch kontrollieren können. Diese Server stehen oft in Rechenzentren, die über die ganze Welt verteilt sind, und unterliegen den lokalen Gesetzen der jeweiligen Länder. In vielen Fällen bedeutet dies, dass Ihre Daten den gesetzlichen Regelungen und Durchsetzungsbefugnissen anderer Staaten unterliegen, was zu einem Verlust der Privatsphäre und einem erhöhten Risiko führen kann.

Ein weiteres Problem stellt die Sicherheit dar. Server, die große Mengen an Daten speichern, sind ein attraktives Ziel für Hacker. Auch wenn Unternehmen wie Microsoft erhebliche Ressourcen in die Sicherheit ihrer Systeme investieren, gibt es keine Garantie, dass Ihre Daten in der Cloud sicher sind. Datendiebstähle, Ransomware-Angriffe und andere Cyberbedrohungen sind allgegenwärtig, und selbst die größten und sichersten Unternehmen sind nicht immun gegen solche Angriffe. Sollte ein solcher Angriff erfolgreich sein, könnten Ihre Daten gestohlen, gelöscht oder missbraucht werden – mit möglicherweise verheerenden Folgen für Ihre persönliche und berufliche Sicherheit.

Darüber hinaus sollten Sie sich fragen, was mit Ihren Daten geschieht, wenn sie einmal in der Cloud gespeichert sind. Es gibt keine völlige Transparenz darüber, wie Ihre Daten verwendet werden. Während die meisten Nutzerinnen und Nutzer annehmen, dass ihre Daten einfach nur gespeichert werden, gibt es Hinweise darauf, dass einige Unternehmen diese Daten auch für andere Zwecke nutzen. Ein besonders umstrittenes Thema ist die Verwendung von Daten für das Training von Künstlicher Intelligenz (KI). KI-Systeme benötigen enorme Mengen an Daten, um zu lernen und sich zu verbessern, und die Daten, die Sie in die Cloud hochladen, könnten theoretisch zur Schulung solcher Systeme verwendet werden. Dies mag zwar zur Verbesserung von Diensten führen, doch es wirft ernsthafte Fragen zur Privatsphäre und zur Kontrolle über Ihre persönlichen Informationen auf.

All diese Entwicklungen führen zu einer zentralen Frage: Wollen Sie das wirklich? Wollen Sie wirklich, dass ein Unternehmen wie Microsoft – oder irgendein anderes Unternehmen – einen solch tiefen Einblick in Ihr persönliches und digitales Leben erhält? Wollen Sie wirklich, dass Ihre Daten auf Servern liegen, auf die Sie keinen direkten Zugriff haben und deren Sicherheit Sie nicht selbst überwachen können? Die Risiken, die mit der Speicherung Ihrer Daten in der Cloud einhergehen, sind erheblich, und es ist wichtig, dass Sie diese Risiken verstehen, bevor Sie sich für einen solchen Weg entscheiden.

Die Entscheidung, ob Sie weiterhin Windows nutzen und damit all diese Bedenken in Kauf nehmen wollen, oder ob Sie sich für eine Alternative wie Linux ent- scheiden, liegt bei Ihnen. Doch es ist eine Entschei- dung, die gut durchdacht sein sollte. Linux bietet Ihnen die Möglichkeit, die Kontrolle über Ihre Daten und Ihre digitale Umgebung zurückzugewinnen. Es gibt Ihnen die Freiheit, Ihre Privatsphäre zu schützen und Ihre Systeme so zu konfigurieren, wie Sie es möchten – ohne den ständigen Druck, Ihre persön- lichen Informationen preiszugeben. In einer Welt, die zunehmend von der Macht weniger großer Unternehmen dominiert wird, ist diese Freiheit von unschätzbarem Wert.

Da Sie das Buch bereits gekauft haben, gehe ich davon aus, dass die Entscheidung im Grunde schon gefallen ist. Sie aber Vielleich noch nicht genau wissen, wie Sie einen Umstieg sauber bewerkstelligen sollen. In diesem Buch biete ich ihnen den direkten Umstieg von Windows auf Linux Mint an. Warum? Das beantworte ich im nächsten Kapitel.

4.1 Eigene Notizen

Eigene Notizen

5. Internetprobleme

In Deutschland erleben die Menschen immer wieder die Unzulänglichkeiten der Internetinfrastruktur hautnah. Sei es durch langsame Geschwindigkeiten, instabile Verbindungen oder gar großflächige Ausfälle – die Probleme mit dem Internet sind ein ständiges Ärgernis. Regionen, die vom Breitbandausbau abgehängt wurden, haben oft mit besonders schlechten Verbindungen zu kämpfen. Aber auch in städtischen Gebieten, in denen die Versorgung theoretisch besser sein sollte, gibt es oft Schwachstellen. In einer digitalisierten Welt, in der wir uns zunehmend auf das Internet verlassen, ist dies nicht nur eine Unannehmlichkeit, sondern kann ernsthafte Konsequenzen haben.

Diese Probleme werden noch gravierender, wenn man bedenkt, dass Naturkatastrophen wie Hochwasser, Stürme oder heftige Schneefälle das Netz komplett lahmlegen können. Solche Ereignisse sind nicht nur vorübergehende Störungen; sie können den Zugang zum Internet für Tage oder sogar Wochen unmöglich machen. Die jüngsten Hochwasser in verschiedenen Teilen Deutschlands haben gezeigt, wie schnell die Infrastruktur zusammenbrechen kann. Straßen wurden überschwemmt, Stromleitungen zerstört, und natürlich war auch das Internet davon betroffen. In solchen Situationen sind die Menschen auf sich allein gestellt, ohne Zugang zu wichtigen Online-Diensten, die in ihrem Alltag eine zentrale Rolle spielen.

Wenn Ihre Daten in der Cloud gespeichert sind und das Netz ausfällt, sei es durch infrastrukturelle Schwächen oder Naturkatastrophen, verlieren Sie den Zugang zu diesen Daten. Ein einfaches Beispiel: Es genügt, in Berlin in der U-Bahn zu sitzen, um die alltäglichen Probleme zu erleben, die mit der Abhängigkeit von cloudbasierten Diensten einhergehen. Unter der Erde ist die Netzabdeckung oft lückenhaft oder gar nicht vorhanden. Plötzlich können Sie nicht mehr auf Ihre Dokumente, Fotos oder E-Mails zugreifen, weil diese auf einem entfernten Server liegen, der nur über das Internet erreichbar ist. Dies mag in solchen Momenten nur als kleines Ärgernis erscheinen, doch die Tragweite dieses Problems wird deutlich, wenn man die Abhängigkeit von Cloud-Diensten auf das gesamte Betriebssystem ausweitet.

Mit der zunehmenden Einführung von cloudbasierten Betriebssystemen wie Windows 365 wird diese Problematik noch dringlicher. Wenn das gesamte Betriebssystem in der Cloud liegt und das Internet ausfällt, sind Sie komplett handlungsunfähig. Ihr Computer wird zu einem teuren, aber nutzlosen Stück Elektronik, das ohne Verbindung zur Cloud keine Funktion mehr erfüllt. Für private Nutzerinnen und Nutzer mag dies schon ärgerlich genug sein, aber für Unternehmen kann dies existenzbedrohend sein. Firmen, die auf die ständige Verfügbarkeit ihrer Systeme angewiesen sind, könnten im schlimmsten Fall ihre Arbeit vollständig einstellen müssen, wenn sie keinen Zugriff mehr auf ihre IT-Systeme haben.

Der Gedanke, dass das eigene Unternehmen lahmgelegt wird, weil eine Internetverbindung unterbrochen ist, ist beunruhigend. Es genügt, sich die weltweiten Ausfälle großer Cloud-Anbieter anzusehen, von denen wir fast täglich betroffen sind, auch wenn sie in den Nachrichten oft nur am Rande erwähnt werden. Solche Ausfälle können durch eine Vielzahl von Faktoren verursacht werden – technische Pannen, Cyberangriffe oder einfach menschliches Versagen. Jedes Mal, wenn ein solcher Ausfall eintritt, sind Millionen von Nutzern betroffen, die plötzlich keinen Zugriff mehr auf ihre Daten und Dienste haben. Dies betrifft nicht nur große Unternehmen, sondern auch kleine und mittelständische Betriebe, die auf Cloud-Dienste angewiesen sind, um ihre tägliche Arbeit zu erledigen.

Die Risiken, die mit dieser zunehmenden Abhängigkeit von der Cloud einhergehen, sind beträchtlich. Wenn Ihre Daten und Anwendungen ausschließlich in der Cloud gespeichert sind, geben Sie die Kontrolle über Ihr digitales Leben an Dritte ab. Sie sind darauf angewiesen, dass das Internet jederzeit und überall verfügbar ist – eine Voraussetzung, die in vielen Teilen Deutschlands leider nicht erfüllt ist. Zudem hängt Ihre Arbeitssicherheit von der Stabilität und Sicherheit der Server ab, auf denen Ihre Daten liegen. Ein Ausfall oder eine Störung kann weitreichende Folgen haben, die über den Verlust von Produktivität hinausgehen.

Betrachtet man all diese Faktoren, wird deutlich, dass die Abhängigkeit von cloudbasierten Lösungen wie Windows 365 ernsthafte Risiken birgt. Diese Risiken sollten nicht leichtfertig abgetan werden. Während die Cloud sicherlich viele Vorteile bietet, ist es wichtig, die damit verbundenen Herausforderungen und potenziellen Gefahren nicht zu ignorieren. Es geht darum, eine Balance zwischen Bequemlichkeit und Kontrolle zu finden und sich darüber im Klaren zu sein, dass die Entscheidung für eine cloudbasierte Infrastruktur weitreichende Konsequenzen haben kann.

In diesem Zusammenhang bietet Linux eine attraktive Alternative. Mit Linux behalten Sie die Kontrolle über

Ihre Daten und Ihr Betriebssystem. Sie sind nicht gezwungen, sich auf eine permanente Internetverbindung zu verlassen, und Ihre Daten bleiben auf Ihrem eigenen Gerät, wo Sie sie direkt verwalten und schützen können. Selbst in Zeiten, in denen das Internet ausfällt, können Sie weiterhin produktiv arbeiten und auf Ihre Daten zugreifen, weil sie lokal gespeichert sind. Diese Unabhängigkeit ist besonders wertvoll in einer Welt, in der die Internetverfügbarkeit alles andere als garantiert ist.

Letztlich stellt sich die Frage: Wollen Sie sich in einer immer unsicherer werdenden digitalen Welt auf eine Infrastruktur verlassen, die außerhalb Ihrer Kontrolle liegt? Oder wollen Sie die Verantwortung für Ihre Daten und Ihre Arbeit selbst in die Hand nehmen und die Freiheit genießen, die Ihnen ein Betriebssystem wie Linux bietet? Die Antwort auf diese Frage könnte entscheidend dafür sein, wie Sie Ihre digitale Zukunft gestalten.

5.1 Eigene Notizen

Eigene Notizen

6. Risiken der Cloud

Die zunehmende Verlagerung von Daten in die Cloud
wird oft als bequem, flexibel und modern dargestellt.
Unternehmen und Privatpersonen schätzen die Vorteile, die cloudbasierte Dienste bieten: von der einfachen Zusammenarbeit über verschiedene Standorte
hinweg bis hin zur automatischen Sicherung von
Dateien und Systemen. Doch diese Annehmlichkeiten
kommen nicht ohne Risiken. Ein oft übersehenes
Problem besteht darin, was mit Ihren Daten geschieht,
wenn ein Cloud-Anbieter pleitegeht, gehackt wird
oder von einem anderen Unternehmen aufgekauft
wird – Szenarien, die bereits mehrfach vorgekommen
sind und potenziell katastrophale Auswirkungen
haben können.

Stellen Sie sich vor, Sie hätten Ihr gesamtes digitales
Leben in die Hände eines Cloud-Anbieters gelegt. All
Ihre Dokumente, Fotos, Geschäftsdaten und vielleicht
sogar das Betriebssystem Ihres Computers sind in der
Cloud gespeichert. Sie verlassen sich darauf, dass
diese Daten sicher sind und jederzeit zugänglich blei-
ben. Doch was passiert, wenn der Anbieter, dem Sie
diese Daten anvertraut haben, plötzlich in finanzielle
Schwierigkeiten gerät und Insolvenz anmelden muss?
In der Vergangenheit haben wir bereits erlebt, dass

Cloud-Anbieter ihre Dienste plötzlich einstellen mussten, sei es aufgrund finanzieller Probleme oder eines drastischen Sicherheitsvorfalls. Wenn dies geschieht, könnte der Zugang zu Ihren Daten von einem Tag auf den anderen verloren gehen. Im schlimmsten Fall könnten Ihre Daten sogar unwiederbringlich gelöscht werden, weil es keinen Plan gibt, sie zu retten, wenn der Anbieter den Betrieb einstellt.

Ein weiteres Szenario, das immer wahrscheinlicher wird, ist das eines groß angelegten Hackerangriffs auf einen Cloud-Anbieter. Solche Angriffe können verheerende Folgen haben, besonders wenn sie dazu führen, dass Daten verschlüsselt und als Geiseln genommen werden. Ein prominentes Beispiel hierfür ist der Angriff auf die Firma Code Spaces im Jahr 2014. Hacker verschafften sich Zugang zu den Amazon Webservices (AWS)-Konten des Unternehmens und verschlüsselten alle Daten. Nachdem die Firma nicht in der Lage war, das geforderte Lösegeld zu zahlen, wurden die Daten unwiederbringlich gelöscht, was schließlich zur Insolvenz von Code Spaces führte. Kunden, die ihre Daten in dieser Cloud gespeichert hatten, verloren alles – nicht nur ihre Daten, sondern auch ihr Vertrauen in die Sicherheit von Cloud-Diensten. Solche Fälle zeigen, dass selbst die renommiertesten Cloud-Anbieter nicht gegen Cyberangriffe immun sind, und dass die Konsequenzen für die Nutzer verheerend sein können.

Doch selbst wenn ein Anbieter nicht pleitegeht oder gehackt wird, gibt es noch ein weiteres Risiko: Firmenübernahmen. In der schnelllebigen Tech-Branche kommt es häufig vor, dass ein Unternehmen ein anderes aufkauft. Wenn dies geschieht, können die Daten von einem Anbieter zum anderen übertragen werden, oft über Ländergrenzen hinweg und ohne dass die Nutzer umfassend darüber informiert werden. Dies kann dazu führen, dass Ihre Daten plötzlich in einem Land mit völlig anderen Datenschutzgesetzen gespeichert werden, wo sie möglicherweise weniger geschützt sind als zuvor. Sie könnten sich zum Beispiel vorstellen, dass ein europäischer Cloud-Anbieter von einem amerikanischen Unternehmen aufgekauft wird. Plötzlich könnten Ihre Daten den weniger strengen US-Datenschutzgesetzen unterliegen, und das ohne Ihr Wissen oder Ihre Zustimmung.

Noch besorgniserregender ist die Tatsache, dass diese Übertragungen oft intransparent ablaufen. Sie könnten niemals erfahren, dass Ihre Daten von einem Anbieter zu einem anderen verschoben wurden, bis es zu spät ist. Auch könnten Sie keine Möglichkeit haben, dieser Übertragung zu widersprechen oder Ihre Daten zu sichern, bevor sie verschoben werden. Dies wirft ernsthafte Fragen zur Kontrolle und Sicherheit Ihrer persönlichen und geschäftlichen Informationen auf. Können Sie sicher sein, dass Ihre Daten in einem fremden Land genauso gut geschützt sind wie in Ihrem Heimatland? Können Sie sicher sein, dass der neue Anbieter die gleichen Sicherheitsstandards einhält wie der ursprüngliche? Diese Unsicherheit ist ein erhebliches Risiko, das oft unterschätzt wird.

Vergleichen wir diese Situation mit etwas Alltäglichem: Würden Sie Ihre Brieftasche einfach an einem belebten Bahnhof liegen lassen und erwarten, dass sie sicher bleibt? Wahrscheinlich nicht. Sie würden sich Sorgen machen, dass jemand sie findet und an sich nimmt, ohne dass Sie es jemals erfahren. Genauso verhält es sich mit Ihren Daten in der Cloud. Wenn Sie Ihre Daten einem Dritten anvertrauen, verlieren Sie die direkte Kontrolle darüber, wer wann wie auf sie zugreifen kann. Sie wissen möglicherweise nicht, wer in welchem Land Ihre Daten speichert, verarbeitet oder sogar weiterverkauft. Und genau wie bei der Brieftasche am Bahnhof könnten Ihre Daten in den Händen von jemandem landen, der sie missbraucht, ohne dass Sie es merken.

Die Vorstellung, dass Ihre sensiblen Informationen – seien es persönliche Dokumente, Finanzdaten oder geschäftskritische Informationen – in der Cloud gespeichert sind, ohne dass Sie genau wissen, wer darauf zugreifen kann oder wo sie gespeichert sind, sollte Sie zu einem kritischen Nachdenken anregen. Der Komfort und die Bequemlichkeit, die Cloud-Dienste bieten, dürfen nicht darüber hinwegtäuschen, dass sie auch erhebliche Sicherheits- und Kontrollrisiken mit sich bringen. Diese Risiken werden noch größer, wenn Sie sich in einer Situation befinden, in der der Anbieter pleitegeht, gehackt wird oder in ein anderes Land mit anderen Gesetzen übergeht.

Wenn Sie sich also fragen, ob es wirklich sicher ist, Ihre Daten in der Cloud zu speichern, sollten Sie auch bedenken, wie wenig Kontrolle Sie tatsächlich über diese Daten haben. Eine Alternative zu diesem unsicheren Modell ist es, die Kontrolle wieder in Ihre eigenen Hände zu nehmen – beispielsweise durch die Nutzung eines lokalen Betriebssystems wie Linux, bei dem Ihre Daten auf Ihrer eigenen Hardware gespeichert bleiben. Hier haben Sie die volle Kontrolle darüber, wer wann wie auf Ihre Daten zugreift, und Sie sind nicht den Unwägbarkeiten eines instabilen oder unsicheren Cloud-Anbieters ausgeliefert.

In einer Welt, in der Daten immer mehr zum wertvollsten Gut werden, sollten Sie sich gut überlegen, wem Sie Ihre digitalen Schätze anvertrauen. Der Verlust der Kontrolle über Ihre eigenen Daten kann weitreichende Folgen haben, die weit über den Verlust einer Brieftasche hinausgehen. Es geht um die Sicherheit, die Vertraulichkeit und letztlich auch um die Souveränität über Ihre eigenen Informationen. Indem Sie Ihre Daten lokal speichern und auf Lösungen setzen, die Ihnen die Kontrolle überlassen, können Sie sicherstellen, dass Sie auch in einer immer vernetzteren Welt ruhig schlafen können – in dem Wissen, dass Ihre digitalen Besitztümer sicher und geschützt sind.

Ein besonders kritischer Blick sollte auf die größten Cloud-Anbieter weltweit gerichtet werden: Google, Amazon, Facebook und Microsoft. Diese Giganten der Tech-Branche haben ihre Hauptsitze in den USA, einem Land, dessen Datenschutzgesetze weit weniger streng sind als die der Europäischen Union. Dies ist kein unbedeutender Unterschied, sondern ein Faktor, der massive Auswirkungen auf den Umgang mit Ihren persönlichen und geschäftlichen Daten haben kann. Die Tatsache, dass diese Unternehmen quasi freie Hand bei der Nutzung Ihrer Daten haben, wird oft unterschätzt – und doch ist es genau das, was tagtäglich geschieht.

Diese US-amerikanischen Unternehmen operieren in einem rechtlichen Umfeld, das ihnen eine weitgehende Freiheit in der Nutzung, Analyse und Verwertung der Daten ihrer Nutzerinnen und Nutzer einräumt. Während in der EU Datenschutzgesetze wie die Datenschutz-Grundverordnung (DSGVO) versuchen, die Privatsphäre der Bürger zu schützen, sind die Regulierungen in den USA weitaus lockerer. Dies gibt den großen Tech-Konzernen die Möglichkeit, Daten zu sammeln und zu verarbeiten, wie es ihnen beliebt. Und sie machen davon umfassend Gebrauch.

Trotz dieser laxen Datenschutzpraktiken genießen Google, Amazon, Facebook und Microsoft weltweit das Vertrauen von Millionen, wenn nicht Milliarden Menschen. Diese Unternehmen haben es geschafft, sich als unverzichtbare Dienstleister zu positionieren – sei es durch Suchmaschinen, soziale Netzwerke, E-Commerce-Plattformen oder cloudbasierte Softwarelösungen. Viele Menschen nutzen ihre Dienste täglich, oft ohne sich bewusst zu sein, wie tiefgreifend diese Konzerne in ihre privaten und beruflichen Daten eingreifen. Sie bieten scheinbar kostenlose oder günstige Dienste an, doch der wahre Preis, den Nutzerinnen und Nutzer zahlen, ist der Verlust der Kontrolle über ihre Daten.

Ein besonders problematischer Aspekt ist die umfangreiche Datenanalyse, die diese Unternehmen durchführen. Die Möglichkeiten, die ihnen zur Verfügung stehen, sind weit fortschrittlicher als alles, was selbst erfahrene Technikspezialisten in der EU sich erträumen könnten. Jede E-Mail, jedes Dokument, jedes Bild, das in die Cloud hochgeladen wird, wird gefiltert, analysiert und katalogisiert. Diese Analyse erfolgt nicht nur, um den Dienst zu verbessern oder personalisierte Werbung anzuzeigen, sondern auch, um umfassende Nutzerprofile zu erstellen, die für verschiedenste Zwecke verwendet werden können – von der Marktforschung bis hin zur politischen Beeinflussung.

Das Problem dabei ist, dass diese Prozesse von der EU aus weder transparent nachvollziehbar noch effektiv zu verhindern sind. Während die DSGVO versucht, den Datenfluss in die USA zu regulieren und zu kontrollieren, zeigt die Praxis, dass es für die Nutzerinnen und Nutzer fast unmöglich ist, genau zu wissen, was mit ihren Daten geschieht, sobald sie die Grenzen Europas verlassen haben. Hinzu kommt, dass die AGB und Datenschutzrichtlinien dieser Unternehmen oft Hunderte von Seiten umfassen und in einer Sprache verfasst sind, die selbst für Fachleute schwer verständlich ist. Diese Dokumente sind darauf ausgelegt, so kompliziert und umfassend zu sein, dass die meisten Nutzerinnen und Nutzer sie einfach akzeptieren, ohne sie zu lesen. Damit geben sie ihre Zustimmung zu Praktiken, die sie nicht einmal ansatzweise verstehen.

Es ist nur eine Frage der Zeit, bis der Tag kommt, an dem viele Menschen und Unternehmen den Schritt, ihre gesamten Daten in die Cloud zu verlagern, bereuen werden. Denn in dem Moment, in dem sie die Kontrolle über ihre Daten abgegeben haben, sind sie den Entscheidungen und Praktiken dieser großen Konzerne ausgeliefert. Sollten sich die rechtlichen Rahmenbedingungen ändern oder sollten diese Unternehmen beschließen, ihre Geschäftsmodelle zu ändern, könnten Nutzerinnen und Nutzer feststellen, dass ihre Daten auf eine Weise genutzt wurden, die sie nie gewollt hätten.

Ein solcher Tag könnte durch eine Vielzahl von Auslösern eintreten: ein umfassender Datenmissbrauchsskandal, eine plötzliche Änderung der AGB, die Übernahme durch ein anderes Unternehmen, das den Datenschutz noch weniger achtet, oder sogar ein politisches Ereignis, das den Zugang zu diesen Daten einschränkt oder kontrolliert. In einer Welt, in der

Daten das neue Öl sind, ist es gefährlich, dieses wertvolle Gut einem Unternehmen anzuvertrauen, das in einem Land operiert, dessen Gesetze den Schutz dieser Daten nicht ausreichend gewährleisten.

Es stellt sich also die Frage, ob es wirklich klug ist, so viel Vertrauen in Unternehmen zu setzen, die weitgehend außerhalb des Einflussbereichs der EU und ihrer strengen Datenschutzgesetze operieren. Würden Sie Ihre Brieftasche einfach irgendwo liegen lassen und darauf vertrauen, dass niemand sie anfasst? Wahrscheinlich nicht. Doch genau das tun viele, wenn sie ihre Daten diesen Cloud-Diensten anvertrauen, ohne genau zu wissen, wer wann wie darauf zugreifen kann.

Es ist daher von entscheidender Bedeutung, die Risiken zu verstehen und alternative Lösungen in Betracht zu ziehen. Betriebssysteme und Dienste, die Ihnen die Kontrolle über Ihre eigenen Daten ermöglichen, wie zum Beispiel Linux, bieten eine echte Alternative. Sie geben Ihnen die Möglichkeit, Ihre Daten lokal zu speichern und sie unter Ihren eigenen Bedingungen zu schützen, ohne sich auf die unübersichtlichen und oft intransparenten Praktiken großer Tech-Konzerne verlassen zu müssen.

Die digitale Welt wird immer komplexer, und es wird immer schwieriger, den Überblick zu behalten, wer was mit unseren Daten macht. Doch eines ist klar: Die Kontrolle über unsere eigenen Daten zu behalten, ist entscheidend für unsere digitale Souveränität und Privatsphäre. Es ist an der Zeit, diesen Aspekt ernst zu nehmen und sich darüber im Klaren zu sein, was wir aufgeben, wenn wir unsere Daten in die Hände dieser großen Konzerne legen. Denn der Preis, den wir dafür zahlen, könnte höher sein, als wir es uns jemals vorgestellt haben.

6.1 Eigene Notizen

Eigene Notizen

7. Energieverbrauch der Cloud

Während Ihr Rechner, Ihr Laptop oder sogar ein
Server nur wenige hundert Watt oder einige Kilowattstunden verbraucht, wenn es ein größerer Server sein
muss, kann man sich kaum vorstellen, wie viel Energie bei den Cloud-Diensten durch den Schornstein
geblasen wird. Haben Sie eine Vorstellung davon, wie
viel Energie benötigt wird, um nur 1 GB Daten in die
Cloud zu schieben? Na, dann passen Sie mal auf:

Der Energieverbrauch von Cloud-Diensten ist enorm
und wird oft unterschätzt. Um nur 1 GB Daten in die
Cloud zu laden, benötigt man eine beträchtliche
Menge an Energie. Dies liegt nicht nur an der Übertra-
gung selbst, sondern auch an der Speicherung und den
vielen damit verbundenen Prozessen in den riesigen
Rechenzentren, die diese Cloud-Dienste betreiben.
Diese Rechenzentren bestehen aus Tausenden von
Servern, die rund um die Uhr laufen, gekühlt werden
müssen und eine stabile Stromversorgung benötigen.
Die riesigen Serverfarmen verbrauchen nicht nur
Unmengen an Energie, sondern tragen auch zu erheb-
lichen CO_2-Emissionen bei.

Rechenzentren, insbesondere die von den großen
Anbietern wie Google, Amazon und Microsoft betrie-

benen, benötigen eine gewaltige Infrastruktur, um die Datenmenge zu bewältigen, die täglich durch das Internet strömt. Diese Zentren sind oft so groß wie mehrere Fußballfelder und ziehen in vielen Fällen mehr Strom als ganze Städte. Die Server selbst erzeugen Wärme, die durch leistungsstarke Kühlsysteme abgeführt werden muss, die wiederum noch mehr Energie verbrauchen.

Ein Bericht von Greenpeace aus dem Jahr 2017 zeigte, dass die Rechenzentren der größten Cloud-Anbieter zusammen bereits damals mehr Energie verbrauchten als viele kleine Länder. Auch wenn diese Unternehmen versuchen, ihre Emissionen zu reduzieren und auf erneuerbare Energien umzusteigen, ist der Energiebedarf enorm und wächst ständig weiter.

Besonders kritisch wird es, wenn man bedenkt, dass viele Rechenzentren in Ländern stehen, in denen der Großteil des Stroms immer noch aus fossilen Brennstoffen stammt. Das bedeutet, dass der ökologische Fußabdruck jedes einzelnen hochgeladenen GBs erheblich größer ist, als man sich vorstellen kann. Für 1 GB, das Sie in die Cloud hochladen, müssen mehrere Kilowattstunden an Energie aufgewendet werden, und das ist nur der Anfang – diese Daten müssen gespeichert, verarbeitet und möglicherweise rund um den

Globus gespiegelt werden, um sicherzustellen, dass sie jederzeit verfügbar sind.

Das führt uns zu einem weiteren wichtigen Punkt: die ständige Verfügbarkeit und Redundanz der Daten in der Cloud. Um sicherzustellen, dass Ihre Daten nicht verloren gehen, werden sie oft in mehreren Rechenzentren auf verschiedenen Kontinenten gespeichert. Das bedeutet, dass 1 GB Daten nicht nur einmal, sondern mehrmals in diesen gigantischen Serverfarmen gespeichert und ständig synchronisiert wird. Der Energieaufwand vervielfacht sich entsprechend und mit ihm die damit verbundenen CO_2-Emissionen.

Wenn man also den Energieverbrauch eines einzelnen Geräts, sei es ein Laptop oder ein Server, mit dem eines Cloud-Dienstes vergleicht, wird schnell klar, dass die Cloud eine enorme Menge an Ressourcen verschlingt. Während Ihr heimischer Rechner nur dann Energie verbraucht, wenn er tatsächlich genutzt wird, laufen die Server in den Rechenzentren ununterbrochen, unabhängig davon, ob die Daten abgerufen werden oder nicht.

Für den umweltbewussten Nutzer bedeutet dies, dass die Nutzung von Cloud-Diensten auch eine ökologische Verantwortung mit sich bringt. Es ist wichtig, sich der Umweltkosten bewusst zu sein, die mit der Nutzung dieser Dienste verbunden sind, und wo möglich, Alternativen in Betracht zu ziehen, die weniger energieintensiv sind.

Kurz gesagt: Die Cloud mag bequem und praktisch sein, aber sie kommt mit einem hohen Energiepreis, den letztendlich die Umwelt bezahlt.

7.1 Eigene Notizen

Eigene Notizen

8. Vorteile deutscher Clouddienste

Natürlich möchte ich nicht behaupten, dass Cloud-
dienste keinerlei Vorteile bieten. Im Gegenteil, sie
haben zweifellos ihre Berechtigung und nützliche
Anwendungsfälle. Es wäre unrealistisch und unfair,
die Vorzüge von Clouddiensten komplett zu ignorieren. Dienste wie Google Drive, Dropbox oder One-
Drive bieten eine immense Flexibilität und ermöglichen den unkomplizierten Zugriff auf Daten von
überall aus. Das macht sie für viele Nutzerinnen und
Nutzer, besonders für Unternehmen, zu einem unverzichtbaren Werkzeug im digitalen Alltag. Die Möglichkeit, Dateien zu synchronisieren, gemeinsam an
Projekten zu arbeiten oder einfach nur eine Sicherheitskopie wichtiger Dokumente zu haben, ist praktisch und effizient.

Natürlich möchte ich nicht behaupten, dass Cloud-
dienste keinerlei Vorteile bieten. Im Gegenteil, sie
haben zweifellos ihre Berechtigung und nützliche
Anwendungsfälle. Es wäre unrealistisch und unfair,
die Vorzüge von Clouddiensten komplett zu ignorieren. Dienste wie Google Drive, Dropbox oder One-
Drive bieten eine immense Flexibilität und ermöglichen den unkomplizierten Zugriff auf Daten von
überall aus. Das macht sie für viele Nutzerinnen und

Nutzer, besonders für Unternehmen, zu einem unverzichtbaren Werkzeug im digitalen Alltag. Die Möglichkeit, Dateien zu synchronisieren, gemeinsam an Projekten zu arbeiten oder einfach nur eine Sicherheitskopie wichtiger Dokumente zu haben, ist praktisch und effizient.

Auch ich selbst nutze Clouddienste, aber mit Bedacht und Vorsicht. Ein Beispiel dafür ist mein Gebrauch der Cloud von Ionos. Ich beschränke mich dabei jedoch auf deren Hidrive-Service, den ich ausschließlich für die sichere Speicherung meiner Backup-Daten nutze. Dies bietet mir den Vorteil, meine Daten an einem externen Ort zu sichern, ohne mich auf Cloud-Computing-Dienste zu verlassen, die tief in mein digitales Leben eingreifen könnten. Der entscheidende Unterschied liegt darin, wie ich mit meinen Daten umgehe, bevor sie überhaupt in die Cloud hochgeladen werden: Ich verschlüssele sie auf meinem Linux-System, sodass sie, sobald sie auf den Servern von Ionos landen, nur noch als unverständlicher digitaler Kauderwelsch erscheinen.

Diese Vorgehensweise hat mehrere Vorteile. Erstens, selbst wenn jemand Zugang zu meinen Daten auf den Ionos-Servern erhält – sei es durch einen Sicherheitsvorfall oder durch unrechtmäßigen Zugriff – wären die Informationen völlig unleserlich und wertlos, solange die Verschlüsselung nicht geknackt wird. Zweitens, da Ionos seinen Sitz in Deutschland hat, sind meine Daten durch die strengen Datenschutzbestimmungen der DSGVO geschützt. Das bedeutet, dass Ionos gesetzlich verpflichtet ist, meine Privatsphäre zu respektieren, und darf meine Daten nicht einfach so entschlüsseln oder weiterverarbeiten. Sollte es dennoch zu einem Verstoß kommen, wäre das Unternehmen gezwungen, tief in die Tasche zu greifen – so tief, dass ich mir darüber keine Sorgen mehr machen müsste.

Dies steht im krassen Gegensatz zu Unternehmen wie Google, Amazon, Microsoft oder Facebook, die in den USA ansässig sind und deren Datenschutzstandards weit weniger streng sind. Es wäre naiv zu glauben, dass diese Unternehmen nicht in der Lage wären, verschlüsselte Daten zu entschlüsseln, wenn sie es denn wollten. Selbst die beste Verschlüsselung ist nicht unüberwindbar, und mit den Fortschritten in der Rechenleistung – Stichwort Quantencomputing – könnte es eines Tages möglich sein, selbst die robustesten Verschlüsselungsmethoden zu knacken. Doch das ist nicht nur eine Frage der technischen Machbarkeit, sondern auch der gesetzlichen und ethischen

Rahmenbedingungen, die in den USA deutlich lockerer sind als in der EU.

Diese Überlegung führt zu einer wichtigen Erkenntnis:
Während Clouddienste durchaus Vorteile bieten, sollten wir uns der Risiken und Einschränkungen stets
bewusst sein. Das blinde Vertrauen in große US-
amerikanische Tech-Konzerne, die auf einem anderen
Kontinent operieren und deren Ziele nicht immer mit
unseren eigenen Werten übereinstimmen, könnte uns
eines Tages teuer zu stehen kommen. Auch wenn
heute noch alles gut zu laufen scheint, müssen wir uns
fragen, ob wir wirklich bereit sind, die Kontrolle über
unsere Daten langfristig abzugeben.

Das bedeutet nicht, dass wir Clouddienste komplett
meiden sollten. Sie bieten eine sinnvolle Ergänzung zu
lokal gespeicherten Daten und können, wenn richtig
eingesetzt, die Sicherheit und Zugänglichkeit unserer
digitalen Informationen erhöhen. Der Schlüssel liegt
jedoch darin, die richtigen Dienste mit der nötigen
Vorsicht zu nutzen. Das bedeutet, unsere Daten zu
verschlüsseln, bevor sie in die Cloud gelangen, und
uns für Anbieter zu entscheiden, die sich den strengen
Datenschutzgesetzen der EU unterwerfen.

Doch wir dürfen nicht vergessen, dass der Datenschutz ein dynamisches Feld ist, das sich ständig weiterentwickelt. Technologien wie Quantencomputing könnten eines Tages die heute beste Verschlüsselung untergraben. Daher ist es unerlässlich, die Entwicklungen in diesem Bereich aufmerksam zu verfolgen und gegebenenfalls unsere Sicherheitsstrategien anzupassen. Während Ionos heute eine vertrauenswürdige Lösung darstellt, könnte sich das in Zukunft ändern – und wir müssen bereit sein, darauf zu reagieren.

Zusammenfassend lässt sich sagen, dass Clouddienste durchaus Vorteile bieten, die nicht zu leugnen sind. Doch die Wahl des richtigen Anbieters und der richtige Umgang mit unseren Daten ist entscheidend, um die Kontrolle zu behalten. Wenn wir uns dieser Verantwortung bewusst sind und entsprechend handeln, können wir die Vorteile der Cloud nutzen, ohne unsere digitale Sicherheit und Privatsphäre zu opfern.

8.1 Eigene Notizen

Eigene Notizen

9. Ionos deutsche Cloud, HiDrive

Cloud-Dienste bieten zweifellos eine Vielzahl von Vorteilen, insbesondere was den Zugriff auf Daten von überall und die automatische Synchronisierung betrifft. Doch die Risiken, die mit der Nutzung von Cloud-Diensten verbunden sind, insbesondere bei den großen Anbietern wie Google, Amazon, Microsoft und Facebook, dürfen nicht unterschätzt werden.

Diese Unternehmen haben ihren Sitz in den USA, wo die Datenschutzgesetze oft weniger streng sind als in der EU. Dies gibt ihnen weitreichende Möglichkeiten, auf Ihre Daten zuzugreifen und diese zu analysieren, oft ohne dass Sie es überhaupt bemerken. Die Einhaltung der Datenschutz-Grundverordnung (DSGVO) der EU ist dort keineswegs garantiert, was bedeutet, dass Ihre Daten möglicherweise nicht den gleichen Schutz genießen wie bei einem in Deutschland ansässigen Anbieter.

Hier kommt IONOS ins Spiel, ein Cloud-Anbieter mit Sitz in Deutschland, der sich strikt an die DSGVO hält. Alle Daten, die Sie bei IONOS speichern, werden in ISO 27001-zertifizierten Rechenzentren in Deutschland gespeichert, was höchsten Sicherheitsstandards entspricht. Darüber hinaus bietet IONOS eine

AES-256-Bit-Verschlüsselung für gespeicherte Daten, die selbst für den Anbieter nahezu unzugänglich ist, wenn Sie Ihre Daten zuvor verschlüsseln. Dies ist ein entscheidender Vorteil gegenüber den US-amerikanischen Cloud-Diensten, die oft von den dortigen Regierungsbehörden überwacht werden können.

Ein weiterer Punkt, den man nicht unterschätzen sollte, ist der hervorragende Kundenservice von IONOS. Der Support ist nicht nur leicht erreichbar, sondern bietet auch kompetente Hilfe, was gerade in kritischen Situationen entscheidend sein kann. Nach meinen Erfahrungen mit anderen, günstigeren Anbietern bin ich letztendlich zu IONOS zurückgekehrt, weil die Sicherheitsvorteile und der Support die etwas höheren Kosten bei weitem aufwiegen.

Außerdem ist der Preis für die HiDrive-Dienste von IONOS durchaus fair. Mit einem monatlichen Preis von etwa 10 Euro erhält man nicht nur eine DSGVO-konforme Datenspeicherung, sondern auch den Vorteil eines deutschen Rechenzentrums. Das gibt einem die Sicherheit, dass die eigenen Daten nicht ohne weiteres entschlüsselt oder missbraucht werden können – anders als bei den großen internationalen Anbietern, die oft in ihrer Nutzung von Daten wenig transparent sind.

Für diejenigen, die Wert auf Datenschutz legen und dennoch die Vorteile der Cloud nutzen möchten, ist IONOS mit HiDrive definitiv eine Überlegung wert. Die Kombination aus deutscher Gründlichkeit in Sachen Datenschutz, einem soliden Support und fairen Preisen macht diesen Anbieter zu einer sicheren Wahl, insbesondere im Vergleich zu den großen internationalen Konkurrenten.

9.1 Eigene Notizen

Eigene Notizen

10. Ende Exkurs Cloud

Ja und jetzt? Was tun, nachdem klar geworden ist, dass die Cloud sowohl Vorteile als auch erhebliche Risiken birgt? Sicherlich haben viele von uns den Nutzen von Cloud-Diensten erkannt – die einfache Handhabung, der flexible Zugriff und die Möglichkeit, Daten von überall aus zu verwalten, sind nicht von der Hand zu weisen. Doch gleichzeitig gibt es eine lange Liste von Nachteilen, die uns möglicherweise erst in der Zukunft bewusst werden, wenn es vielleicht schon zu spät ist.

Der Gedanke, dass unsere persönlichen Daten in der Cloud gespeichert sind, klingt zunächst praktisch. Doch wenn man bedenkt, dass diese Daten auf Servern liegen, die außerhalb unseres Einflussbereichs sind und in vielen Fällen in Ländern mit deutlich laxeren Datenschutzgesetzen, wird einem mulmig. Dazu kommt, dass die großen Tech-Giganten, die diese Dienste anbieten, nahezu unbeschränkten Zugang zu diesen Daten haben und sie oft nach Belieben analysieren, verkaufen oder für andere Zwecke nutzen können. Diese Unternehmen haben enorme Ressourcen und eine Agenda, die sich selten mit unseren eigenen Interessen deckt. Hinzu kommt die Gefahr von Datenlecks, Hackerangriffen oder schlichtweg rechtlichen und regulatorischen Änderungen, die uns jederzeit betreffen können.

Was also tun, um diese Risiken zu minimieren und wieder ruhiger schlafen zu können? Es gibt durchaus konkrete Schritte, die Sie unternehmen können, um sich zu schützen und gleichzeitig die Vorteile der Cloud zumindest in einem gewissen Umfang zu nutzen.

1. Den ersten und vielleicht radikalsten Schritt: Windows »in die Tonne kloppen«!
Windows hat sich in den letzten Jahren immer mehr zu einem System entwickelt, das seine Nutzer regelrecht in die Cloud zwingt. Microsoft sammelt fleißig Daten, schiebt sie in die Cloud und zwingt die Nutzer in vielerlei Hinsicht, ihre Daten auf deren Servern zu speichern. Der Umstieg auf ein anderes Betriebssystem, wie zum Beispiel Linux, könnte hier der erste Schritt sein. Linux ist nicht nur Open Source, sondern gibt Ihnen auch die vollständige Kontrolle über Ihre Daten und deren Speicherung. Es gibt verschiedene Distributionen, die sich leicht installieren lassen und eine benutzerfreundliche Oberfläche bieten. Linux Mint zum Beispiel ist bekannt für seine einfache Handhabung und eignet sich besonders für Umsteiger von Windows.

2. Verschlüsselung nutzen

Wenn Sie weiterhin Cloud-Dienste nutzen möchten, sollten Sie Ihre Daten verschlüsseln, bevor sie in die Cloud hochgeladen werden. Es gibt verschiedene Programme und Tools, die Ihnen dabei helfen können, Ihre Daten sicher zu verschlüsseln. Das sorgt dafür, dass selbst wenn Ihre Daten in die falschen Hände geraten, diese ohne den entsprechenden Schlüssel nutzlos sind. Die End-to-End-Verschlüsselung ist hier das Mittel der Wahl.

3. DSGVO-konforme Cloud-Anbieter wählen

Wenn Sie nicht ganz auf Cloud-Dienste verzichten möchten, wählen Sie einen Anbieter, der in der EU ansässig ist und sich strikt an die DSGVO hält. IONOS ist hier ein hervorragendes Beispiel. Ihre Daten werden in Deutschland gespeichert, und der Anbieter unterliegt den strengen Datenschutzgesetzen der EU. Das reduziert das Risiko, dass Ihre Daten ohne Ihre Zustimmung weitergegeben oder missbraucht werden.

4. Lokale Backups erstellen

Verlassen Sie sich nicht allein auf die Cloud. Regelmäßige Backups auf externen Festplatten oder anderen physischen Speichermedien sollten zur Routine werden. Diese Backups sollten natürlich ebenfalls verschlüsselt werden. So haben Sie immer eine Kopie Ihrer Daten zur Hand, auch wenn der Cloud-Dienst einmal nicht erreichbar ist oder im schlimmsten Fall Daten verloren gehen.

5. Den Umfang der Cloud-Nutzung überdenken
Es ist vielleicht an der Zeit, Ihre Abhängigkeit von Cloud-Diensten grundsätzlich zu überdenken. Nicht jede Datei muss in der Cloud gespeichert werden. Fragen Sie sich, welche Daten wirklich in die Cloud gehören und welche nicht. Sensible Daten, die auf keinen Fall in fremde Hände geraten dürfen, sollten möglichst lokal gespeichert werden.

Zusammengefasst: Es geht nicht darum, die Cloud komplett zu verteufeln. Sie hat ihre Vorteile, doch diese sollten bewusst und mit Bedacht genutzt werden. Die Risiken sind real und vielfältig, und wer sie ignoriert, läuft Gefahr, eines Tages unangenehm überrascht zu werden. Wenn Sie proaktiv handeln, können Sie die Vorteile der Cloud genießen, ohne Ihre Sicherheit und Privatsphäre unnötig aufs Spiel zu setzen.

10.1 Eigene Notizen

Eigene Notizen

11. Windows 11's Datengier

Seit 2024 treibt Windows die Datensammlung auf die Spitze, fast so, als hätte Microsoft plötzlich den Drang verspürt, jedes Detail Ihres digitalen Lebens aufzusaugen. Zwar gibt es sicherlich Daten, die zur Funktion des Betriebssystems notwendig sind, aber bei Weitem nicht alles, was gesammelt wird, fällt in diese Kategorie. Der größte Teil der Datenerhebung ist schlichtweg optional – und oft unnötig. Doch die traurige Realität ist, dass viele Nutzer gar nicht wissen, welche Daten gesammelt werden, geschweige denn, dass sie die Möglichkeit haben, dem zu widersprechen.

Schon bei der Ersteinrichtung von Windows 11 merkt man, wie sehr das Betriebssystem darauf ausgelegt ist, Daten zu sammeln. Von Standortdiensten über die personalisierte Werbung bis hin zu den Diagnosedaten – Windows versucht, so viel wie möglich über seine Nutzer herauszufinden. Und das Schlimmste daran? Viele dieser Funktionen sind standardmäßig aktiviert, es sei denn, Sie lehnen sie explizit ab. Aber mal ehrlich: Wer liest sich bei der Installation schon jedes Fenster und jeden Hinweis genau durch? Die meisten klicken einfach auf »Weiter«, »Akzeptieren«

oder »Zustimmen« – und damit hat Windows schon gewonnen.

Aber halt, es gibt auch einen Lichtblick! Ein Großteil dieser Datenerfassungspraktiken kann tatsächlich deaktiviert werden. Das ist zwar keine einfache Aufgabe, aber es ist möglich. Bereits bei der Ersteinrichtung können Sie einige der Nachverfolgungsoptionen ablehnen. Hier ist Wachsamkeit gefragt: Lesen Sie die Hinweise und Optionen genau durch und entscheiden Sie, welche Funktionen Sie wirklich benötigen und welche nicht.

Nachdem Sie die Einrichtung abgeschlossen haben, ist die Arbeit jedoch noch nicht getan. Es empfiehlt sich, in den Einstellungen von Windows tief einzutauchen und genau zu prüfen, was bereits aktiviert ist. Unter »Datenschutz und Sicherheit« finden Sie zahlreiche Optionen, mit denen Sie die Datensammlung einschränken können. Die Diagnosedaten etwa können auf ein Minimum reduziert werden, und die Standortverfolgung lässt sich ebenfalls abschalten. Auch die personalisierte Werbung, die auf Ihren Nutzungsdaten basiert, kann deaktiviert werden.

Was man hierbei nicht vergessen darf: Selbst wenn Sie alle Optionen zur Datenerfassung deaktivieren, bleiben immer noch einige grundlegende Informationen, die Windows weiterhin sammelt. Diese sind laut Microsoft notwendig, um das Betriebssystem am Laufen zu halten und für Updates zu sorgen. Aber seien wir ehrlich, wer weiß schon genau, was hinter den Kulissen passiert?

Microsoft behauptet natürlich, dass all diese Daten dazu dienen, das Benutzererlebnis zu verbessern und das System sicherer zu machen. Doch am Ende des Tages bleibt die Frage, wie viel Kontrolle Sie wirklich über Ihre eigenen Daten haben. Es ist ein ständiger Balanceakt zwischen Komfort und Datenschutz, und es liegt an Ihnen, diese Waage auszutarieren.

Fazit: Seien Sie wachsam und nehmen Sie sich die Zeit, die Datenerfassungsoptionen von Windows 11 gründlich zu prüfen. Es mag lästig erscheinen, aber es ist der einzige Weg, zumindest einen Teil Ihrer Privatsphäre zu wahren. Und vielleicht, nur vielleicht, denken Sie dabei auch über Alternativen nach, die nicht ganz so datenhungrig sind.

Ich will Ihnen eigentlich kein mulmiges Gefühl im Magen machen – halt, stopp. Doch, das will ich. Und zwar aus einem ganz bestimmten Grund: Es ist der einzige Weg, Ihnen die unfassbare Gefahr vor Augen zu führen, die Ihnen täglich ins Gesicht grinst, während Sie nichtsahnend Ihre alltäglichen digitalen Gewohnheiten pflegen. Dieses Buch soll Ihnen nicht nur die Augen öffnen, es soll Ihnen den sprichwörtlichen Schlag in die Magengrube versetzen. Wenn Ihnen nach diesen Seiten nicht zumindest kurz übel wird, dann habe ich mein Ziel verfehlt. Denn diese Übelkeit ist es, die Sie erkennen lässt, dass etwas Grundlegendes geschehen muss, wenn Ihre Daten und Ihr digitales Leben tatsächlich noch Ihr Eigentum bleiben sollen.

Die traurige Wahrheit ist, dass wir niemals die Möglichkeit haben werden, Microsoft und speziell Windows so zu gestalten, dass unsere Daten unser Eigentum bleiben. Die Realität ist ernüchternd: Ihre Daten werden gesammelt, analysiert und genutzt, oft ohne Ihr Wissen oder Ihre ausdrückliche Zustimmung. Und während sich das Spielfeld immer weiter in Richtung Cloud und globale Vernetzung verschiebt, bleiben Ihre Daten zunehmend ungeschützt – im besten Fall Spielball großer Unternehmen, im schlimmsten Fall leichte Beute für Cyberkriminelle.

Aber keine Sorge, es gibt einen Ausweg aus diesem Dilemma. Und hier kommt der entscheidende Punkt: Ich kann Ihnen ein System aufzeigen, das heute, im

Jahr 2024, all das bietet, was Sie sich von einem wirklich sicheren und privaten digitalen Umfeld erhoffen. Dieses System ist nicht perfekt – Perfektion ist in der digitalen Welt eine Illusion – aber es bietet Ihnen die Kontrolle zurück, die Sie verdient haben.

Sie fragen sich jetzt vielleicht: »Was ist das für ein System? Wie kann ich meine Daten wirklich schützen?« Die Antwort liegt in der Wahl der richtigen Werkzeuge und der richtigen Plattform. Es ist Zeit, sich von Windows zu verabschieden und ein System zu wählen, das Ihre Privatsphäre respektiert, das Ihnen die Freiheit gibt, Ihre Daten zu kontrollieren, und das Sie nicht dazu zwingt, sich den Datenschutzbedenken von großen Konzernen zu beugen.

Das System, von dem ich spreche, ist Linux. Es bietet Ihnen die Flexibilität, die Sicherheit und die Kontrolle, die Windows Ihnen vorenthält. In den kommenden Kapiteln dieses Buches werde ich Ihnen Schritt für Schritt zeigen, wie Sie den Wechsel vollziehen können – von der Auswahl der richtigen Linux-Distribution bis hin zur Sicherung Ihrer Daten und der Einrichtung eines digitalen Umfelds, das wirklich Ihnen gehört.

Es ist Zeit, dass wir uns nicht länger mit mulmigen Gefühlen abfinden, sondern handeln. Denn die Wahrheit ist: Wenn wir nichts tun, wird es nicht besser werden. Es liegt an uns, die Kontrolle über unser digitales Leben zurückzugewinnen, und es gibt keinen besseren Zeitpunkt als jetzt.

11.1 Eigene Dateien

Eigene Notizen

12. Was sammelt Windows an Daten?

Microsoft stuft einige Datenerhebungen als »erforder-lich« ein und behauptet, dass diese Daten notwendig seien, um Windows effektiv, aktuell und sicher zu halten. Doch was mich dabei wirklich erschreckt, ist die schiere Selbstverständlichkeit, mit der hier über unser digitales Leben hinweg entschieden wird. Zu diesen »erforderlichen« Daten gehören grundlegende Details wie Ihr Geräte-Modell, die Hardwarekompo-nenten in Ihrem System und Diagnosedaten, falls Systemausfälle auftreten. Auf den ersten Blick mag das harmlos erscheinen, aber die Tiefe und das Aus-maß der erfassten Daten gehen weit über das hinaus, was man von einem Betriebssystem erwarten würde.

Für die Diagnose sammelt Microsoft Berichten zufolge, grundlegende Daten zur Fehlermeldung, wie etwa, ob ein Windows-Update erfolgreich angewendet wurde und ob das Betriebssystem wie vorgesehen funktioniert. Doch dabei bleibt es nicht. Es werden auch die Version und der Build von Windows, alle optionalen Installationen sowie sämtliche Anwen-dungen und Dienste, die Sie installiert haben, erfasst. Das bedeutet, dass Microsoft nicht nur weiß, welche Programme Sie nutzen, sondern auch wann und wie oft. Dieser invasive Einblick in Ihr digitales Leben wird von Microsoft als notwendig deklariert – und das lässt mir ehrlich gesagt das Blut in den Adern gefrieren.

Was mich daran noch mehr erschüttert, ist die Tatsache, dass Sie die Erfassung dieser »erforderlichen« Daten nicht unterbinden können. Es ist, als ob Ihnen die Kontrolle über Ihr eigenes System aus den Händen genommen wird, und das ohne Ihre ausdrückliche Zustimmung. Alle Daten, die außerhalb dieses Bereichs erfasst werden, sind angeblich optional, aber auch hier muss man sich fragen: Wie viele von uns wissen überhaupt, welche Daten gesammelt werden und wie man diese Erhebung deaktivieren kann?

Diese Zwangsdatensammlung zeigt einmal mehr, dass wir uns in einer Welt bewegen, in der unsere Privatsphäre zunehmend zur Ware wird, die wir oft unbemerkt und unfreiwillig hergeben. Für mich ist das ein alarmierendes Zeichen dafür, dass wir umdenken müssen, wenn uns unsere Daten und unsere digitale Freiheit wirklich wichtig sind.

12.1 Browser Daten

Windows 11 geht in Sachen Datensammlung noch einen Schritt weiter, indem es Ihre Web-Browsing-Aktivitäten überwacht. Stellen Sie sich das mal vor:

Jedes Mal, wenn Sie im Internet surfen, jeden Suchbegriff, den Sie in einem Microsoft-Browser wie Microsoft Edge eingeben, könnte Microsoft mitverfolgen. Das ist nicht nur ein flüchtiger Blick in Ihr Surfverhalten, sondern eine systematische Erfassung all Ihrer Online-Aktivitäten. Sogar Änderungen, die Sie an den Konfigurationseinstellungen in den Microsoft-Browsern vornehmen, könnten registriert werden, was wiederum Auswirkungen auf Ihre Suchergebnisse hat.

Was mich daran wirklich erschreckt, ist die Tiefe dieser Überwachung. Es ist nicht mehr nur Ihr allgemeines Surfverhalten, das ins Visier genommen wird, sondern jede kleinste Anpassung und Vorliebe, die Sie in Ihrem Browser hinterlegen. Diese Informationen sind Gold wert – nicht für Sie, sondern für die Unternehmen, die diese Daten nutzen, um Ihr Verhalten vorherzusagen, Sie mit gezielter Werbung zu bombardieren oder sogar Ihre Meinungen zu beeinflussen.

Aber es gibt einen Ausweg aus dieser Datenfalle, zumindest teilweise. Wenn Sie diese Überwachung deaktivieren möchten, gehen Sie zu Einstellungen > Datenschutz und Sicherheit > Diagnose und Feedback und schalten Sie »Optionale Diagnosedaten senden« aus. Dieser Schritt schränkt zumindest einige der unerwünschten Datensammlungen ein. Doch seien Sie gewarnt: Diese Maßnahme ist nur ein Tropfen auf den heißen Stein. Solange Sie Microsofts Ökosystem nutzen, bleibt immer ein gewisser Grad an Überwachung bestehen, den Sie nicht vollständig abstellen können.

12.2 Ihre Eingaben

Ihre Eingaben, genau! Was jetzt kommt, da springt einem echt die Feder aus der Matte! Windows 11 sammelt tatsächlich angeblich anonymisierte Daten über alles, was Sie tippen, handschriftlich eingeben oder sogar sprechen. Ja, Sie haben richtig gelesen – jede Eingabe, sei es über die Tastatur, ein Diktat oder per Stift auf einem Touchscreen, wird aufgezeichnet. Diese Daten werden angeblich zur Verbesserung relevanter Dienste verwendet, zum Beispiel, um die Spracherkennung und das Lesen von Handschriften in Windows zu optimieren.

Aber mal ehrlich, wer fühlt sich da noch wohl? Dass all diese Eingaben gesammelt und analysiert werden, um das Benutzererlebnis zu verbessern, mag zwar nett klingen, aber es hat einen faden Beigeschmack. Die Vorstellung, dass selbst Ihre handschriftlichen Notizen oder persönlichen Diktate in einer anonymen Datenbank landen, ist alles andere als beruhigend.

Natürlich wird Ihnen versichert, dass diese Daten »anonymisiert« sind – aber was genau bedeutet das in einer Zeit, in der es fast unmöglich ist, digitale Informationen vollständig anonym zu halten?

Falls Sie das nicht einfach so hinnehmen wollen – und das sollten Sie nicht – gibt es eine Möglichkeit, diese Datenerhebung zumindest teilweise zu unterbinden. Gehen Sie dazu in die Einstellungen > Datenschutz und Sicherheit > Diagnose und Feedback und schalten Sie dann »Freihand und Eingabe verbessern« auf »Aus«. Das stoppt die direkte Überwachung Ihrer Eingaben, aber wie immer gilt: Solange Sie in der Windows-Welt bleiben, gibt es keinen vollständigen Schutz vor neugierigen Augen.

Diese Art der Überwachung macht eines klar: Die Grenze zwischen nützlicher Funktion und invasiver Datenüberwachung verschwimmt zusehends. Es liegt an uns, wachsam zu bleiben und aktiv Schritte zu unternehmen, um unsere digitale Privatsphäre zu schützen – bevor wir endgültig die Kontrolle darüber verlieren. Was wir ja, wenn wir ehrlich sind, schon längst haben. Wir haben die Kontrolle über unsere Daten längst verloren.

12.3 Produkt- und Serviceleistung

Produkt- und Serviceleistung – das klingt auf den ersten Blick harmlos, fast nützlich. Diese Telemetriedaten sollen den Zustand Ihres Geräts, des Betriebssystems sowie von Apps und Treibern überwachen. Zwar wird behauptet, dass diese Daten nur pseudonymisiert erfasst werden, aber seien wir ehrlich: Selbst pseudonymisierte Daten können mehr über Sie preisgeben, als Ihnen lieb ist. Was hier so unschuldig klingt, sind in Wahrheit Informationen darüber, wie schnell Cortana auf Ihre Sprachbefehle reagiert oder wie lange die Gesichtserkennung benötigt, um ihre Berechnungen durchzuführen.

Diese Daten werden nicht nur zur Verbesserung von Diensten genutzt, sondern auch, um Ihnen sogenannte »maßgeschneiderte Erlebnisse« zu bieten. Das könnte beispielsweise bedeuten, dass Ihnen Empfehlungen für Einstellungsänderungen angezeigt werden, um die Akkulaufzeit zu optimieren, oder dass ein Cloud-Speicheranbieter vorgeschlagen wird, wenn der Speicherplatz auf Ihrem Gerät knapp wird. Aber nur weil die Daten im Moment noch relativ harmlos erscheinen, heißt das nicht, dass sie es in Zukunft auch bleiben. Wer weiß schon, welche Überraschungen die Technologie noch für uns bereithält? Vielleicht ist Ihr

Gesicht besonders gut für die Gesichtserkennung geeignet – und das könnte in den falschen Händen durchaus problematisch werden.

Wenn Sie das Gefühl haben, dass diese Form der Überwachung zu weit geht, gibt es Möglichkeiten, sie zu deaktivieren. Navigieren Sie dazu in die Einstellungen > Datenschutz und Sicherheit > Diagnose und Feedback. Schalten Sie sowohl »Optionale Diagnosedaten senden« als auch »Individuelle Benutzererfahrung« auf »Aus«. Das wird zumindest einen Teil dieser Datenflut stoppen.

Aber wie immer bleibt die Frage: Wie viel Kontrolle haben wir wirklich über diese Daten, und wie viel geben wir freiwillig auf, ohne die möglichen Konsequenzen vollständig zu verstehen? Es lohnt sich, darüber nachzudenken, bevor wir unsere digitalen Gewohnheiten einfach so fortsetzen.

12.4 Nutzung von Produkten und Diensten

Die Nutzung von Produkten und Diensten in Windows 11 ist ein weiteres Kapitel in der Geschichte der Datensammlung. Was dabei besonders ins Auge sticht, sind die teilweise anonymisierten Daten, die Microsoft erfasst. Diese Informationen zeigen unter anderem, welche Apps Sie verwenden und welche Anwendungen aktiv sind, wenn bestimmte Fehler auftreten. Außerdem wird festgehalten, ob Sie bestimmte Hilfe- und Vorschlagsfunktionen in Windows ausgeschaltet haben, alles mit dem Ziel, die Genauigkeit und Benutzerfreundlichkeit des Systems zu verbessern.

Was mich wirklich stört, ist die Art und Weise, wie diese Daten für »maßgeschneiderte Erlebnisse« genutzt werden. Windows könnte Ihnen beispielsweise vorschlagen, bestimmte Einstellungen zu aktivieren, die Sie bewusst deaktiviert haben – etwa aus Gründen der Privatsphäre. Es wird nicht nur Ihre aktuelle Nutzung überwacht, sondern auch, wie Sie mit den Einstellungen des Betriebssystems umgehen. Diese Daten werden dann möglicherweise auch dazu genutzt, Ihnen alternative Anwendungen von Microsoft oder Drittanbietern vorzuschlagen, basierend auf den Programmen, die Sie am häufigsten verwenden.

Falls Sie diese Form der Überwachung nicht hinnehmen möchten – und das sollten Sie ernsthaft in Erwägung ziehen – gibt es eine Möglichkeit, die Datenerfassung zu deaktivieren. Gehen Sie dazu in die Einstellungen > Datenschutz und Sicherheit > Diagnose und Feedback und schalten Sie sowohl »Optionale Diagnosedaten senden« als auch »Individuelle Benutzererfahrung« auf »Aus«. Das reduziert zumin-

dest die Menge an Daten, die über Ihr Nutzungsverhalten gesammelt werden.

Aber die Frage bleibt: Wie viel dieser Überwachung ist
wirklich notwendig, und wie viel davon ist schlichtweg überflüssig? Müssen wir wirklich unsere Vorlieben und Abneigungen preisgeben, nur damit uns
das Betriebssystem Vorschläge unterbreiten kann, die
wir vielleicht gar nicht wollen? Es lohnt sich, das zu
hinterfragen und die eigenen digitalen Gewohnheiten
entsprechend anzupassen, um nicht unnötig viel
Kontrolle aus der Hand zu geben.

12.5   Ihre installierten Programm und Softwares

Ein weiterer Bereich, in dem Windows 11 fleißig Daten
sammelt. Dieses Mal geht es um die Apps, die Sie auf
Ihrem System ausführen, die Anti-Malware-Pro-
gramme und -Dienste, die auf Ihrem Rechner installiert sind, sowie um Treiber-Updates und den Zeitplan
für Windows-Updates. Microsoft interessiert sich
auch dafür, wann Downloads beginnen und enden,
und welche Apps aus dem Microsoft-Store installiert
sind und eventuell aktualisiert werden müssen. Diese
Informationen werden nicht nur gesammelt, um den
reibungslosen Betrieb Ihres Systems zu gewährleisten, sondern auch, um Ihnen maßgeschneiderte

Empfehlungen zu liefern – etwa alternative Apps, die Ihnen gefallen könnten.

Nun, die Frage, die ich mir stelle: Muss das wirklich sein? Diese Art von Überwachung mag auf den ersten Blick harmlos erscheinen, doch in Wirklichkeit gibt sie Microsoft tiefen Einblick in Ihr Nutzungsverhalten. Es ist, als ob man einen ständigen Begleiter hat, der alles mitnotiert, was Sie auf Ihrem Computer tun. Sicherlich, einige dieser Informationen könnten theoretisch dazu beitragen, dass Ihr System effizienter arbeitet – aber auf Kosten Ihrer Privatsphäre?

Falls Ihnen diese Art der Datensammlung zu weit geht, haben Sie die Möglichkeit, sie zumindest teilweise zu stoppen. Dazu gehen Sie in die Einstellungen > Datenschutz und Sicherheit > Diagnose und Feedback und schalten sowohl »Optionale Diagnosedaten senden« als auch »Individuelle Benutzererfahrung« auf »Aus«. Das wird zumindest einige der unnötigen Datensammlungen unterbinden und Ihnen ein Stück Kontrolle über Ihre eigenen Daten zurückgeben.

Aber die eigentliche Frage bleibt: Wie viel von diesem »maßgeschneiderten Erlebnis« ist wirklich notwendig? Müssen wir wirklich zulassen, dass jede Kleinigkeit, die wir auf unserem Computer tun, überwacht und analysiert wird? Es liegt an uns, die Balance zwischen Funktionalität und Privatsphäre zu finden – und dabei nicht unnötig viel Kontrolle an große Tech-Konzerne abzugeben.

12.6 Ihr Standort

Windows 11 sammelt auch Standortdaten, angeblich um Funktionen wie »Mein Gerät suchen« zu ermöglichen, die Relevanz von Suchergebnissen zu verbessern und Ihnen relevantere Wetterdaten sowie lokale Informationen zu liefern. Diese Standortdaten können sogar von Drittanbieter-Apps verwendet werden, wenn Sie ihnen die Erlaubnis dazu erteilen. Aber jetzt mal im Ernst: Was zum Teufel geht Microsoft an, wo ich mich herumtreibe?

Es ist doch unfassbar, dass ein Betriebssystem meint, es wäre völlig in Ordnung, meinen Standort permanent im Hintergrund zu verfolgen, um mir – angeblich – das Leben zu erleichtern. Glauben die wirklich, dass ich jedes Mal das Wetter oder lokale Nachrichten brauche, wenn ich meinen Laptop aufklappe? Was mich aber wirklich sprachlos macht, ist die schiere Dreistigkeit, mit der diese Daten nicht nur vom System selbst, sondern auch von Drittanbietern genutzt werden können. Hier stellt sich die Frage: Wo endet das Sammeln von nützlichen Informationen, und wo beginnt der Missbrauch von Privatsphäre?

Zum Glück gibt es eine Möglichkeit, diese Standortverfolgung zu unterbinden – auch wenn man sich fragen muss, warum sie überhaupt standardmäßig aktiviert ist. Um dies zu tun, gehen Sie zu Einstellungen > Datenschutz und Sicherheit > Standort und stellen sicher, dass die Standortdienste auf »Aus« geschaltet sind. Alternativ können Sie die Ortung für einzelne Apps deaktivieren, indem Sie die entsprechende App-Liste auf dieser Seite durchgehen.

Aber mal ehrlich: Ist das nicht ein Armutszeugnis? Wir als Nutzer müssen uns in die Tiefen der Einstellungen graben, nur um die Kontrolle über unsere eigenen Daten zurückzuerlangen. Dass ein solches Maß an Überwachung überhaupt in Betracht gezogen wird, lässt mich fassungslos zurück. Microsoft scheint keine Grenze zu kennen, wenn es darum geht, so viele Informationen wie möglich über uns zu sammeln. Und dabei wäre die Lösung so einfach: Geben Sie den Nutzern die Kontrolle über ihre Daten und machen Sie diese Praktiken transparent – aber genau das passiert leider nicht.

12.7   Mein Gerät finden

Was denkt Microsoft eigentlich, wenn es um die »Mein Gerät finden«-Funktion geht? Glauben die wirklich, dass ein Dieb, der meinen Laptop geklaut hat, sich erst mal gemütlich mit dem Internet verbindet, damit ich seinen Standort sehen kann? Das ist doch pure Naivität! Die Realität sieht doch ganz anders aus. Ein Dieb, der schon so weit geht, einen Laptop zu stehlen, wird ganz sicher wissen, wie man diese Funktion umgeht oder sogar direkt außer Kraft setzt.

Natürlich ist die Internetverbindung, die für »Mein Gerät finden« notwendig ist, das erste, was ein Dieb verhindern würde. Und selbst wenn er es nicht sofort macht, sondern einfach die Festplatte ausbaut, dann ist es sowieso vorbei. Der Laptop selbst kann in einem Second-Hand-Laden verkauft werden und die Daten? Die gehen wahrscheinlich direkt in die Hände des Diebs oder eines Komplizen. Die Vorstellung, dass ein Dieb sich durch ein LAN-Kabel zurückverfolgen lässt, ist absurd.

Es gibt auch keine Garantie, dass die Funktion selbst in der Praxis immer funktioniert. Was ist, wenn der Dieb einfach den Laptop aus dem Netzwerk trennt oder ihn in einem Bereich ohne Internetverbindung lagert? Die Funktion »Mein Gerät finden« kann dann gar nichts tun. Das Ganze wirkt auf mich eher wie eine kosmetische Funktion, die Microsoft als cooles Feature vermarktet, ohne sich wirklich Gedanken über die praktischen Aspekte zu machen. Am Ende des Tages ist es wahrscheinlich mehr Fassade als wirklicher Schutz.

Was will Microsoft eigentlich erreichen? Glauben die ernsthaft, dass man seinen Laptop mit deren Funktion wiederfindet? Mitnichten! Das einzig Wahre, was sie wirklich wollen, ist, dass Sie in den nächsten Laden gehen, sich einen neuen Laptop kaufen – natürlich wieder mit Windows drauf – und sich dann über One-Drive Ihre Daten zurückholen. Da haben sie wenigstens einen guten Grund, warum sie unbedingt ihre Cloud-Dienste pushen wollen.

Die Realität ist doch, dass die Funktion »Mein Gerät finden« oft nur heiße Luft ist. Was bringt es, wenn der Laptop geklaut wird? Es wird nicht lange dauern, bis der Dieb die ganze Sache aus dem Netzwerk trennt und die Daten entweder auf eine andere Festplatte überspielt oder den Laptop einfach so verkauft. Die Funktion ist bestenfalls ein Platzhalter, um den Kunden das Gefühl zu geben, sie hätten eine Art Schutzmaßnahme.

Microsoft weiß ganz genau, dass im Falle eines echten Diebstahls der Laptop oft nicht mehr zu retten ist. Also bleibt dem Kunden nichts anderes übrig, als sich einen neuen Laptop zu kaufen und die Daten von One-Drive zurückzuholen – wenn man sie denn dort gesichert hat. Ansonsten bleibt nur noch die bittere Erkenntnis, dass die »Mein Gerät finden«-Funktion letztlich nichts anderes als eine Blendgranate ist. Die wahre Botschaft lautet: Wenn der Laptop weg ist, ist er weg.

12.8 Die gesammelten Daten sehen

Wenn Sie sich einen detaillierten Bericht über die von Windows 11 erfassten Daten verschaffen möchten, gibt es tatsächlich ein integriertes Tool dafür. Gehen Sie einfach zu Einstellungen > Datenschutz und Sicherheit > Diagnose und Feedback und schalten Sie die Option Diagnosedaten anzeigen auf »Ein«. Damit aktivieren Sie die Funktion, die Ihnen ermöglicht, einen umfassenden Überblick über die Daten zu bekommen, die Ihr System gesammelt hat.

Sobald Sie diese Option aktiviert haben, wird das System Sie möglicherweise dazu auffordern, den Microsoft-Store zu besuchen, um die Diagnostic Data Viewer-App herunterzuladen und zu installieren.

Diese App benötigt etwa einen Gigabyte freien Speicherplatz auf Ihrem Gerät. Nach der Installation können Sie die App öffnen und erhalten Zugriff auf alle Telemetriedaten und Informationen, die Windows 11 über Ihre Nutzung gesammelt hat.

In der Diagnostic Data Viewer-App können Sie durch die gesammelten Daten navigieren und detailliert einsehen, welche Informationen von Ihrem System an Microsoft übermittelt werden. Die App bietet Ihnen nicht nur einen Überblick über die Daten, sondern zeigt Ihnen auch auf, welche Anwendungen die meisten Daten an Microsoft senden. Dies kann besonders aufschlussreich sein, wenn Sie verstehen möchten, wie umfangreich und detailliert Ihre Nutzung überwacht wird. Sie erhalten so einen besseren Einblick in die Datensammlung und können besser nachvollziehen, welche Aspekte Ihrer Systemnutzung in die Telemetrie einfließen.

12.9 Eigene Notizen

Eigene Notizen

13. Oh man, und jetzt?

Oh man, und jetzt, ganz genau! Ja, liebe Leserin oder lieber Leser, jetzt wissen Sie so halbwegs Bescheid. Auch ich, der sich tagtäglich mit diesen Themen beschäftigt, kann nicht einmal ansatzweise erahnen, was, wann, wie und weshalb an Daten zu Microsoft fließt. Wenn ich zurückdenke, wie alles begann, als Windows noch als revolutionäres System galt, war das echt der Hammer! Man konnte die Fortschritte und Innovationen förmlich spüren. Aber heute? Microsoft ist zu einer gierigen und geldhungrigen Datenkrake geworden, dass einem Angst und Bange wird.

Lassen Sie uns einen Moment innehalten und die Realität betrachten: Was passiert eigentlich, wenn Sie Ihren Rechner einschalten? Das Betriebssystem beginnt sofort, Daten zu sammeln – ohne großes Tamtam. Es ist nicht nur eine kleine Informations-abgabe, sondern eine regelrechte Datenflut, die an Microsoft geht. Sie können sicher sein, dass Ihr System kontinuierlich Informationen über Ihre Nut-zung, Ihre Präferenzen und sogar über Ihre Inter-aktionen mit verschiedenen Anwendungen und Web-sites aufzeichnet. All das wird in einem riesigen Datenschatz gesammelt, den Microsoft gerne nutzt, um seine Dienste zu optimieren, gezielte Werbung zu schalten oder seine Software weiterzuentwickeln.

Jetzt fragen Sie sich vielleicht, warum ich all das erzähle. Ich habe hier und da ein wenig ausholen müssen, um Ihnen ein umfassendes Bild zu geben. Aber wie soll ich Ihnen ernsthaft ein alternatives Betriebssystem wie Linux vorschlagen, wenn Sie nicht verstehen, warum ich überhaupt darüber nachdenke? Die Realität ist, dass Microsofts unaufhörliches Sammeln und Analysieren von Daten immer invasiver wird. Und je mehr Sie sich darüber informieren, desto klarer wird es, warum immer mehr Menschen auf alternative Systeme setzen, die weniger auf Datensammlung aus sind.

Linux ist dabei eine vielversprechende Alternative. Es mag auf den ersten Blick vielleicht komplizierter erscheinen, aber es bietet eine weitaus größere Kontrolle über Ihre Privatsphäre. Mit Linux entscheiden Sie selbst, welche Daten gesendet werden und welche nicht. Sie sind nicht den Launen eines kommerziellen Unternehmens ausgeliefert, das Ihre Daten als Währung nutzt. Das bedeutet nicht, dass Linux perfekt ist oder keine eigenen Herausforderungen mit sich bringt, aber es gibt Ihnen die Freiheit, Ihre Daten nach Ihren eigenen Regeln zu schützen.

Also, wenn Sie das nächste Mal Ihren Windows-Rechner einschalten und sich fragen, wo all diese Daten hinfließen, denken Sie darüber nach, welche Kontrolle Sie über Ihr System und Ihre Daten haben möchten. Vielleicht ist es an der Zeit, sich ernsthaft mit Alternativen auseinanderzusetzen und zu überlegen, ob Sie nicht doch lieber einen Schritt in Richtung mehr Datenschutz und Unabhängigkeit wagen wollen.

Und nun sind wir am Ende aller negativen Eigenschaften von Windows, der Cloud und den weiteren Techgiganten angelangt. Wenn das nicht reicht, um Ihnen die Augen zu öffnen, weiß ich auch nicht weiter. Wir haben uns nun ausführlich mit den Problemen und Bedenken beschäftigt, die durch den unaufhörlichen Datenhunger der großen Konzerne entstehen. Diese Punkte sollten genügen, um ein klares Bild davon zu bekommen, wie invasiv und undurchsichtig die ganze Angelegenheit geworden ist. Viel Spaß also nun.

13.1   Eigene Notizen

Eigene Notizen

14. Was ist Linux

Stellen Sie sich eine Welt vor, in der Sie die Kontrolle über Ihr Betriebssystem haben, ohne dass Sie ständig das Gefühl haben, überwacht oder ausgenutzt zu werden. Eine Welt, in der die Freiheit, die Privatsphäre und die Anpassungsfähigkeit im Vordergrund stehen. Willkommen in der Welt von Linux. Aber was genau ist Linux, und wie hat es sich zu dem entwickelt, was es heute ist? Lassen Sie uns auf eine Reise durch die Geschichte und die Eigenschaften von Linux gehen.

Die Geschichte von Linux beginnt mit einer Vision von Freiheit und Offenheit. Im Jahr 1991, als das Internet noch in den Kinderschuhen steckte und Windows gerade seinen Aufstieg begann, machte sich ein junger Finne namens Linus Torvalds an die Arbeit. Torvalds war ein Student der Informatik an der Universität Helsinki, und er wollte ein Betriebssystem schaffen, das auf den Prinzipien von Offenheit und Kollaboration basierte. Sein Ziel war es, ein freies, unkommerzielles Betriebssystem zu entwickeln, das jedem zugänglich war und nicht den Einschränkungen traditioneller Software-Modelle unterlag.

Torvalds begann mit der Entwicklung eines neuen Kernels, der das Herzstück eines Betriebssystems bildet. Dieser Kernel, den er »Linux« nannte, sollte eine Alternative zu den damals weit verbreiteten kommerziellen Betriebssystemen wie Windows und Unix bieten. Der Name »Linux« stammt von seinem Schöpfer Linus Torvalds und der Tatsache, dass es sich um ein Unix-ähnliches System handelt. Der Kernel wurde unter der GNU-General Public License veröffentlicht, die es jedem ermöglichte, den Code zu nutzen, zu verändern und weiterzugeben.

Was als kleines Projekt begann, entwickelte sich schnell zu einer globalen Bewegung. Linux zog die Aufmerksamkeit von Entwicklern und Technikern auf sich, die das System als Grundlage für ihre eigenen Projekte nutzen wollten. Die Open-Source-Philosophie ermöglichte eine kollaborative Entwicklung, bei der tausende von Programmierern weltweit ihren Beitrag leisten konnten. Diese Gemeinschaft von Entwicklern und Nutzern trug maßgeblich zum Wachstum und zur Stabilität von Linux bei.

In den folgenden Jahren wurden immer mehr Distributionen von Linux erstellt – maßgeschneiderte Versionen, die auf verschiedenen Bedürfnissen und Vorlieben basieren. Distributionen wie Ubuntu,

Fedora und Debian wurden populär und trugen dazu bei, Linux einer breiteren Öffentlichkeit zugänglich zu machen. Während Linux anfangs vor allem von Technik-Enthusiasten genutzt wurde, begann es in den letzten Jahren auch, im Mainstream Fuß zu fassen. Heute ist Linux nicht nur auf Servern, Supercomputern und in der Cloud allgegenwärtig, sondern hat auch in der Welt der Desktops und Laptops an Bedeutung gewonnen.

Ein zentraler Aspekt, der Linux von Windows unterscheidet, ist die Frage der Sicherheit. Windows, als eines der am weitesten verbreiteten Betriebssysteme, ist ein häufiges Ziel für Angriffe und Malware. Die weit verbreitete Nutzung macht es zu einem attraktiven Ziel für Cyberkriminelle. Auch wenn Microsoft in den letzten Jahren erhebliche Fortschritte in der Verbesserung der Sicherheitsfunktionen gemacht hat, bleiben Windows-Systeme anfällig für eine Vielzahl von Bedrohungen, insbesondere wenn es um die Verwaltung von Berechtigungen und die Installation von Software geht.

Linux bietet hingegen einige bedeutende Sicherheitsvorteile. Der offene Code von Linux ermöglicht eine umfassende Überprüfung durch die Community. Sicherheitsprobleme werden oft schnell entdeckt und

behoben, da eine Vielzahl von Entwicklern kontinuierlich den Code überprüfen. Zudem basiert Linux
auf einem strengen Berechtigungsmodell, bei dem
Anwendungen in einer stark eingeschränkten
Umgebung arbeiten, was das Risiko eines erfolgreichen Angriffs erheblich reduziert.

Ein weiterer Vorteil von Linux ist die Modularität und
die Fähigkeit, nur die benötigten Komponenten zu
installieren. Dies reduziert die Angriffsfläche und
minimiert potenzielle Sicherheitslücken. Viele Linux-
Distributionen sind auch für ihre strengen Sicher-
heitsprotokolle und schnellen Updates bekannt, die
dazu beitragen, das System gegen neu auftretende
Bedrohungen zu schützen.

Zusätzlich kommt Linux mit einer Vielzahl von
Sicherheitswerkzeugen und -technologien, die speziell entwickelt wurden, um die Integrität des Systems
zu gewährleisten. Funktionen wie SELinux (Security-
Enhanced Linux) und AppArmor bieten eine zusätzliche Schicht der Sicherheitskontrolle, die über die
traditionellen Berechtigungen hinausgeht.

Zusammenfassend lässt sich sagen, dass Linux nicht
nur eine faszinierende Geschichte von Offenheit und
Zusammenarbeit erzählt, sondern auch als ernstzu-

nehmende Alternative zu kommerziellen Betriebssystemen wie Windows auftritt. Die Entstehungsgeschichte von Linux, seine Verbreitung und seine Sicherheitsvorteile machen es zu einer attraktiven Wahl für alle, die Wert auf Kontrolle, Anpassungsfähigkeit und Datenschutz legen.

Wenn Sie sich von der weit verbreiteten Kontrolle und den Sicherheitsbedenken der großen Tech-Konzerne befreien möchten, könnte es sich lohnen, einen Blick auf Linux zu werfen. In einer Zeit, in der Datenschutz und Sicherheit immer wichtiger werden, bietet Linux eine überzeugende Alternative für Nutzer, die mehr Kontrolle über ihr digitales Leben haben möchten.

Ich habe weiter hinten im Buch noch einmal die »Geschichte von Linux« als eigenes Kapitel erstellt.

14.1 Verbreitung von Linux

Wenn wir über Betriebssysteme sprechen, denkt man unweigerlich an Windows als den dominierenden Player im Desktop-Bereich. Doch werfen wir einen Blick über den Tellerrand hinaus, wird schnell klar: Linux ist heute das am weitesten verbreitete System weltweit. Trotz der dominierenden Präsenz von Windows auf den Schreibtischen der Welt kann Linux in

Sachen Verbreitung und Einfluss nur schwer getoppt werden.

Während Windows den Desktop-Markt dominiert – mit einem geschätzten Marktanteil von über 70 Prozent bei den Desktop-Betriebssystemen – sieht die Lage auf anderen Ebenen ganz anders aus. Linux ist längst nicht mehr nur das Spielzeug für Technik-Enthusiasten oder Server-Administratoren. Es hat sich zu einem universellen Betriebssystem entwickelt, das in nahezu jedem Bereich der modernen Technologie präsent ist.

Im mobilen Bereich beispielsweise, wo Android als das am weitesten verbreitete Betriebssystem gilt, basiert Android auf dem Linux-Kernel. Laut Statista nutzt Android weltweit etwa 72,2 Prozent des Marktes für mobile Betriebssysteme, was Linux indirekt auf mehr als 70 Prozent der Smartphones und Tablets bringt. Diese Zahl verdeutlicht, wie dominant Linux im Bereich der mobilen Geräte ist – und das oft im Verborgenen.

Aber das ist noch lange nicht alles. Linux ist auch das Herzstück der meisten Webserver. Schätzungen zufolge laufen über 70 Prozent aller Websites auf Servern, die Linux als Betriebssystem nutzen. Dies liegt an der Stabilität, Sicherheit und Flexibilität, die Linux-Server bieten. Große Namen wie Google, Amazon und Facebook setzen auf Linux-Server, um ihre riesigen Netzwerke und Rechenzentren zu betreiben.

Darüber hinaus findet man Linux in einer Vielzahl von anderen Geräten, die in unserem täglichen Leben eine Rolle spielen. In Smart TVs, Routern und sogar in einigen Haushaltsgeräten – Linux ist überall. Die breite Palette an Geräten, die auf Linux basieren, zeigt die Vielseitigkeit und Anpassungsfähigkeit des Systems.

Wenn wir noch einen Schritt weitergehen, sehen wir, dass Linux auch eine zentrale Rolle im Internet selbst spielt. Von den großen Cloud-Anbietern bis hin zu den unzähligen Webservern und Datenzentren – Linux steuert einen erheblichen Teil des Internets. Tatsächlich laufen über 90 Prozent der weltweit größten Supercomputer auf Linux, was das System zur bevorzugten Wahl für High-Performance-Computing macht.

Die Verbreitung von Linux geht weit über den Desktop und die Server hinaus. Ein bemerkenswerter Bereich, in dem Linux seine Präsenz zeigt, sind Embedded Systems. Laut der Linux Foundation sind mehr als 90 Prozent der Embedded-Systeme, die in verschiedenen Branchen verwendet werden, mit Linux ausgestattet. Dies reicht von Autos und Flugzeugen bis hin zu medizinischen Geräten und industriellen Steuerungen.

Zusammengefasst ist Linux in vielen Bereichen der Technologie nicht nur präsent, sondern dominiert sie. Obwohl Windows im Desktop-Bereich unangefochten bleibt, kann kein anderes System mit der Allgegenwärtigkeit und dem Einfluss von Linux mithalten. Von Mobilgeräten über Server bis hin zu alltäglichen Geräten und dem Internet selbst – Linux ist das unsichtbare Machtzentrum, das unsere moderne Welt steuert. Während es oft im Hintergrund bleibt, ist sein Einfluss auf die Technologie und die digitale Infrastruktur schlichtweg unvergleichlich.

14.2   Linux und Nutzerfreundlichkeit

Früher war Linux tatsächlich eher etwas für die sogenannten Nerds und Hacker – diejenigen, die sich nicht davor scheuten, sich tief in die Technik zu vertiefen und in den kryptischen Codezeilen zu wühlen. Anfangs war Linux ein Projekt für die technikaffinen Enthusiasten, die keine Scheu hatten, sich mit der Kommandozeile auseinanderzusetzen und selbst

Hand anzulegen, um das System nach ihren Wünschen anzupassen. Es war eine Art Club für die Technikverrückten, die sich ihre Freiheit und Kontrolle über das System selbst erarbeiten wollten.

Doch die Zeiten haben sich geändert. Heute, in einer Ära, in der Benutzerfreundlichkeit und Zugänglichkeit oberste Priorität haben, hat sich Linux rasant weiterentwickelt. Die ursprüngliche Komplexität, die es von anderen Betriebssystemen abgrenzte, gehört weitgehend der Vergangenheit an. Moderne Linux-Distributionen wie Ubuntu, Fedora und Linux Mint haben den Einstieg für normale Nutzer erheblich vereinfacht. Die Entwicklung ging in einem Affenzahn voran, und die Benutzeroberflächen sind heute alles andere als die beängstigenden, textbasierten Interfaces von früher.

Natürlich bleibt Windows nach wie vor das Betriebssystem, das für seine Benutzerfreundlichkeit und einfache Bedienung bekannt ist. Viele Menschen schätzen die vertraute Oberfläche und die durchgängige Integration von Funktionen, die Windows bietet. Es ist ein System, das von Millionen von Nutzern als intuitiv empfunden wird und oft als »einfacher« in der Handhabung gilt, besonders für diejenigen, die mit Windows aufgewachsen sind oder es beruflich nutzen.

Aber lassen Sie sich nicht täuschen – moderne Linux-
Systeme sind keineswegs kompliziert. Im Gegenteil:
Sie sind erstaunlich benutzerfreundlich geworden und
bieten ein hohes Maß an Zugänglichkeit für alltägliche
Aufgaben. Heutige Linux-Distributionen kommen mit
grafischen Installationsassistenten, einfachen Paket-
managern und einer Vielzahl von vorinstallierten
Anwendungen, die den Einstieg erleichtern. Die Entwicklung hin zu benutzerfreundlicheren Oberflächen
und intuitiven Bedienkonzepten hat dazu geführt,
dass auch weniger technikaffine Nutzer problemlos
mit Linux arbeiten können.

Die Installation von Software auf Linux ist oft so ein-
fach wie das Klicken auf ein paar Schaltflächen. Viele
Distributionen bieten Software-Center, in denen Sie
Programme einfach durchstöbern und installieren
können, ohne sich durch komplizierte Installations-
prozeduren kämpfen zu müssen. Auch die Hardware-
Kompatibilität hat sich stark verbessert; moderne
Linux-Distributionen erkennen eine Vielzahl von
Geräten automatisch und installieren die notwendi-
gen Treiber.

Zusätzlich gibt es eine blühende Gemeinschaft von
Nutzern und Entwicklern, die bereit sind, Hilfe und

Unterstützung anzubieten. Online-Foren, Tutorials und Benutzergruppen bieten wertvolle Ressourcen für alle, die Fragen haben oder Unterstützung benötigen. Diese Gemeinschaft trägt maßgeblich dazu bei, dass der Einstieg in Linux auch für Anfänger angenehm und reibungslos verläuft.

Kurz gesagt, während Windows weiterhin als das System gilt, das in Sachen Benutzerfreundlichkeit den Ton angibt, können sich heutige Linux-Nutzer durchaus sehen lassen. Die modernen Distributionen haben einen enormen Fortschritt gemacht und bieten eine benutzerfreundliche Erfahrung, die es normalen Nutzern ermöglicht, effizient und problemlos zu arbeiten. Auch wenn Windows vielleicht immer noch die erste Wahl für einige bleibt, ist es kein Geheimnis mehr, dass Linux eine attraktive und praktische Option für viele geworden ist.

14.3   Linux Hardwareanforderungen

In der heutigen Zeit, in der technologische Fortschritte rasant voranschreiten, ist das Thema Hardwareanforderungen ein zunehmend drängendes Problem. Gerade im Kontext der kommenden Änderungen bei Microsoft und der damit verbundenen Umweltauswirkungen, bietet Linux eine bemerkenswerte Alternative. Doch lassen Sie uns einen Schritt zurückgehen und die Situation genauer betrachten.

Linux hat sich im Laufe der Jahre einen hervorragenden Ruf für seine Vielseitigkeit und Flexibilität erarbeitet. Eines der herausragenden Merkmale von Linux ist die Fähigkeit, auf einer breiten Palette von Hardwarekonfigurationen zu laufen. Für nahezu jeden Rechner, der seit etwa 2006 oder sogar noch früher gebaut wurde, gibt es eine passende Linux-Distribution. Diese Distributionen sind so konzipiert, dass sie den Ressourcenbedarf gering halten, während sie gleichzeitig eine vollständige und benutzerfreundliche Desktop-Umgebung bieten.

Moderne Linux-Distributionen wie Lubuntu oder Linux Mint Xfce sind speziell für ältere oder weniger leistungsfähige Hardware optimiert. Sie bieten eine leichte Desktop-Umgebung, die weniger System-ressourcen benötigt als die umfangreicheren Oberflächen moderner Betriebssysteme. So können auch ältere Rechner, die technisch noch einwandfrei funktionieren, mit einer effizienten und aktuellen Linux-Distribution betrieben werden. Dies bedeutet, dass ältere Hardware nicht einfach in die »Tonne gekloppt« werden muss, nur weil neue Betriebs-systemversionen höhere Anforderungen stellen.

Das Jahr 2025 steht vor der Tür, und mit ihm das endgültige Aus für Windows 10, da Microsoft plant, alle Nutzer auf Windows 11 zu migrieren. Diese Umstellung bringt jedoch erhebliche Herausforderungen mit sich. Windows 11 stellt höhere Hardwareanforderungen als Windows 10, was bedeutet, dass viele Computer, die noch technisch einwandfrei sind, die neuen Anforderungen nicht erfüllen. Die Spezifikationen von Windows 11 erfordern unter anderem einen TPM 2.0-Chip, Secure Boot und bestimmte Prozessor-Architekturen, die nicht bei allen älteren Geräten vorhanden sind.

Schätzungen zufolge könnten Millionen von Computern und Laptops, die vor 2016 gebaut wurden, die Mindestanforderungen für Windows 11 nicht erfüllen. Das führt zu einer massiven Umweltbelastung, da funktionsfähige Geräte obsolet werden. Die Vorstellung, dass Milliarden von Geräten einfach durch neue ersetzt werden, nur weil die Softwarehersteller nicht in der Lage sind, ihre Systeme rückwärtskompatibel zu gestalten, ist alarmierend. Es könnte zu einer enormen Menge an Elektroschrott führen – ein Umweltproblem, das bereits jetzt besorgniserregende Dimensionen angenommen hat.

In diesem Kontext wird die Umweltfreundlichkeit von Linux besonders deutlich. Da Linux auf einer Vielzahl von Hardwarekonfigurationen läuft und leichtgewichtig gestaltet werden kann, ermöglicht es die weitere Nutzung älterer Geräte. Diese Fähigkeit von Linux hilft nicht nur dabei, die Lebensdauer von Hardware zu verlängern, sondern reduziert auch den Bedarf an neuen Geräten. Dies hat weitreichende positive Auswirkungen auf die Umwelt, da es die Menge an Elektroschrott verringert und den Bedarf an neuen Rohstoffen für die Herstellung von Computern minimiert.

Darüber hinaus gibt es zahlreiche Projekte innerhalb der Linux-Community, die sich gezielt mit der Unterstützung von älteren Geräten befassen. Distributionen wie AntiX oder Puppy Linux sind speziell für extrem alte Hardware konzipiert und bieten eine Nutzungserfahrung, die oft nicht nur funktional, sondern auch überraschend flüssig ist.

Wenn wir über die Zukunft der Technologie nachdenken, sollten wir auch die Umweltauswirkungen unserer Entscheidungen berücksichtigen. Die bevorstehende Migration auf Windows 11 stellt eine große Herausforderung dar, insbesondere für Nutzer von älteren Geräten, die noch in einwandfreiem Zustand sind. In Anbetracht der Umweltbelastung, die durch die massenhafte Entsorgung dieser Geräte entstehen könnte, ist es wichtig, alternative Lösungen in Betracht zu ziehen.

Linux bietet eine hervorragende Möglichkeit, diese Herausforderung zu meistern. Mit seiner Fähigkeit, auf älteren und weniger leistungsfähigen Geräten zu laufen, stellt es eine nachhaltige Option dar, die sowohl den Nutzern als auch der Umwelt zugutekommt. Anstatt funktionsfähige Hardware wegzuwerfen, können Sie mit Linux eine effiziente, aktuelle und umweltfreundliche Lösung finden. Dies ist nicht nur eine praktische Entscheidung, sondern auch ein Beitrag zu einer umweltbewussteren Zukunft.

14.4 Eigene Notizen

Eigene Notizen

15. Kann Linux, was Windows kann?

Wenn man über Betriebssysteme nachdenkt, steht Windows unangefochten an der Spitze. Doch die Frage, ob Linux Windows ersetzen kann, wird immer relevanter, insbesondere wenn man sich die fortlaufenden Entwicklungen und den wachsenden Einfluss von Linux in der Technologiewelt ansieht. Lassen Sie uns diese Frage genauer betrachten und herausfinden, ob Linux tatsächlich das Zeug hat, als vollwertiger Ersatz für Windows zu fungieren.

Zunächst einmal ist es wichtig zu erkennen, dass Linux in den letzten Jahren erheblich aufgeholt hat. Früher galt Linux als das Betriebssystem für Technik-Nerds und IT-Profis, aber heutzutage bietet es eine breite Palette von Funktionen, die in vielen Fällen durchaus mit denen von Windows mithalten können. Viele Linux-Distributionen bieten mittlerweile vollständige Desktop-Umgebungen, die nicht nur optisch ansprechend, sondern auch funktional umfangreich sind.

Moderne Linux-Distributionen wie Ubuntu, Fedora und Linux Mint bieten benutzerfreundliche grafische Oberflächen, die den Umgang mit dem System so intuitiv wie bei Windows gestalten. Die Softwareverwaltung erfolgt häufig über übersichtliche Software-Center, die das Installieren und Aktualisieren von Programmen ebenso einfach machen wie die Windows-eigene Softwareverwaltung.

Ein bedeutender Punkt ist auch die Unterstützung für professionelle Anwendungen. Während Windows historisch gesehen die erste Wahl für viele professionelle Softwarelösungen war, haben sich zunehmend Alternativen entwickelt. Programme wie GIMP für Bildbearbeitung, LibreOffice für Office-Anwendungen und Blender für 3D-Design bieten leistungsstarke Funktionen, die in vielen Fällen mit ihren kommerziellen Gegenstücken vergleichbar sind. Auch Tools für Entwickler wie Docker, Kubernetes und Visual Studio Code sind auf Linux ebenso verfügbar.

Ein Bereich, in dem Linux sich besonders hervortut, ist die Zuverlässigkeit und Sicherheit. Linux ist bekannt für seine Stabilität und Ausfallsicherheit, was es zu einer bevorzugten Wahl für Server und kritische Systeme macht. Der offene Quellcode von Linux ermöglicht eine kontinuierliche Überprüfung und Verbesserung durch die Community, was die Sicherheit erhöht und das Risiko von Sicherheitslücken minimiert.

Im Vergleich dazu sieht sich Windows regelmäßig Sicherheitsbedrohungen ausgesetzt. Die hohe Verbreitung von Windows macht es zu einem bevorzugten Ziel für Malware und Viren. Trotz aller Sicherheitsmaßnahmen, die Microsoft getroffen hat, sind Windows-Systeme anfälliger für Angriffe, insbesondere wenn sie nicht regelmäßig aktualisiert werden. Linux hingegen, mit seiner robusten Berechtigungsstruktur und der regelmäßigen Sicherheitsüberprüfung durch die Community, bietet eine bedeutend geringere Angriffsfläche für Schadsoftware.

Es ist nicht nur der Privatnutzer, der von den Vorteilen von Linux profitiert. Auch Wissenschaftler und große Unternehmen setzen zunehmend auf Linux. In der Welt der Forschung und Entwicklung ist Linux weit verbreitet, da es eine flexible und anpassbare Plattform bietet. Supercomputer, die weltweit als die leistungsfähigsten gelten, laufen fast ausschließlich auf Linux. Der TOP500-Index, der die 500 leistungsstärksten Supercomputer listet, zeigt, dass mehr als 90 Prozent dieser Maschinen mit Linux betrieben werden.

In der Unternehmenswelt ist Linux ebenfalls auf dem Vormarsch. Viele große Konzerne, darunter Google, Amazon und Facebook, setzen Linux für ihre Serverinfrastruktur ein. Diese Unternehmen nutzen Linux für seine Stabilität, Sicherheit und Kostenersparnis. Die Tatsache, dass Linux eine kosteneffiziente Alternative zu kommerziellen Betriebssystemen bietet, ohne Kompromisse bei der Leistung einzugehen, ist ein entscheidender Vorteil.

Zusammenfassend lässt sich sagen, dass Linux in vielen Bereichen Windows durchaus ersetzen kann. Die fortschrittlichen Desktop-Umgebungen, die umfangreiche Softwareunterstützung und die überragende Sicherheit machen es zu einer leistungsfähigen Alternative. Während Windows nach wie vor als das führende Desktop-Betriebssystem gilt, haben moderne Linux-Distributionen die Kluft in Bezug auf Benutzerfreundlichkeit und Funktionalität weitgehend geschlossen.

Die breite Akzeptanz von Linux in der wissenschaftlichen und unternehmerischen Welt spricht Bände über seine Leistungsfähigkeit und Zuverlässigkeit. Der Einsatz von Linux auf Supercomputern und bei führenden Technologiefirmen zeigt, dass es nicht nur als Serverbetriebssystem, sondern auch als ernstzunehmende Option für Desktops und Laptops geeignet ist.

Wenn Sie also darüber nachdenken, ob Linux für Sie eine Alternative zu Windows sein könnte, sollten Sie die Fortschritte und die Vorteile nicht unterschätzen. Linux bietet Ihnen die Freiheit, Kontrolle und Sicherheit, die Sie in der heutigen digitalen Welt brauchen – und das zu einem Bruchteil der Kosten und der Umweltbelastung, die mit kommerziellen Betriebssystemen verbunden sind.

15.1 Linux Desktop Verbreitung

Wie weit hat es Linux auf den Desktop geschafft? Schauen wir uns die aktuellen Zahlen und Fakten an, um ein besseres Verständnis für die Verbreitung und den Einfluss von Linux im Desktop-Bereich zu bekommen.

Laut den neuesten Statistiken liegt der Marktanteil von Linux auf Desktops und Laptops bei etwa 2 bis 3 Prozent. Diese Zahl mag im Vergleich zu Windows, das über 70 Prozent des Marktes hält, gering erscheinen. Dennoch zeigt sie eine bemerkenswerte Präsenz für ein Betriebssystem, das lange Zeit in erster Linie als Server- oder Entwicklerbetriebssystem bekannt war.

Die Verbreitung von Linux auf Desktops ist in den letzten Jahren kontinuierlich gestiegen. Verschiedene

Faktoren tragen zu dieser Entwicklung bei. Eine wesentliche Rolle spielen dabei die zunehmende Anzahl an benutzerfreundlichen Distributionen wie Ubuntu, Linux Mint und Fedora, die darauf abzielen, den Einstieg für Durchschnittsnutzer zu erleichtern. Diese Distributionen bieten intuitive grafische Benutzeroberflächen und einfache Installationsprozesse, die das Betriebssystem für eine breitere Zielgruppe attraktiv machen.

Zudem hat der Open-Source-Charakter von Linux zu einem wachsenden Interesse bei technischen Enthusiasten und Entwicklern geführt, die das System anpassen und verbessern. Dies hat nicht nur die Funktionalität, sondern auch die Benutzerfreundlichkeit erheblich erhöht.

Neben dem allgemeinen Desktop-Markt hat Linux in speziellen Nischenmärkten eine bedeutende Rolle eingenommen. Beispielsweise sind viele Chromebooks – die in Bildungseinrichtungen und bei kostensensiblen Verbrauchern beliebt sind – mit Chrome OS ausgestattet, das auf einer Linux-Basis beruht. Auch im Bereich der digitalen Kunst und des 3D-Designs findet Linux immer mehr Anhänger, da es leistungsstarke und spezialisierte Softwarelösungen bietet, die oft kostenlos oder zu einem Bruchteil der Kosten kommerzieller Software erhältlich sind.

Ein weiterer Faktor für die zunehmende Verbreitung von Linux ist seine Verwendung durch Unternehmen und Bildungsinstitutionen. Viele Schulen und Universitäten nutzen Linux für ihre Computerlabore, um die Kosten zu senken und den Zugang zu leistungsfähiger Software zu erleichtern. Auch Unternehmen setzen zunehmend auf Linux, um die Betriebskosten zu reduzieren und die Flexibilität ihrer IT-Infrastruktur zu erhöhen.

Laut einer Umfrage von StatCounter und W3Counter, die die Nutzung von Betriebssystemen auf Webseiten und in anderen digitalen Umgebungen untersucht, ist der Anteil von Linux auf Desktops und Laptops relativ stabil, zeigt jedoch eine kontinuierliche, wenn auch langsame, Wachstumsrate. Dies deutet darauf hin, dass immer mehr Menschen und Organisationen Linux als ernsthafte Alternative zu Windows betrachten.

Während Linux aktuell einen kleinen Marktanteil auf den Desktops hält, gibt es deutliche Anzeichen dafür, dass sich dies ändern könnte. Mit der zunehmenden Verbreitung von Open-Source-Software und dem wachsenden Bewusstsein für Datenschutz und Sicherheit setzen immer mehr Menschen auf Linux als Alternative zu kommerziellen Betriebssystemen.

Es ist ein spannendes Kapitel in der Geschichte der Betriebssysteme, und es bleibt abzuwarten, wie sich die Verbreitung von Linux auf Desktops in den kommenden Jahren entwickeln wird. Eines steht jedoch fest: Linux hat sich längst von seiner Nischenexistenz zu einem ernstzunehmenden Mitspieler im Bereich der Desktop-Betriebssysteme entwickelt.

15.2   Eigene Notizen

Eigene Notizen

16. Vielen Dank bis hierher

Ich möchte mich jetzt schon mal bedanken, dass Sie bis hierhin durchgehalten haben und sich mit den Themen Datenschutz, Umweltbewusstsein und Kostenersparnis auseinandergesetzt haben. Es ist mir wirklich wichtig, einen Beitrag dazu zu leisten, wie wir alle unsere digitale Welt sicherer, umweltfreundlicher und kosteneffizienter gestalten können. Lassen Sie uns die Punkte etwas genauer beleuchten, die mich dazu bewegt haben, Ihnen diese Informationen näherzubringen.

1. Schutz Ihrer Daten: Ein entscheidender Schritt für Ihre Privatsphäre

In einer Zeit, in der persönliche Daten zu einer wertvollen Währung geworden sind, ist es entscheidend, Maßnahmen zu ergreifen, um unsere Privatsphäre zu schützen. Die großen Tech-Giganten wie Microsoft sammeln unaufhörlich Daten über unsere Nutzung, oft ohne dass wir uns dessen voll bewusst sind. Hierbei werden nicht nur unsere Suchgewohnheiten und Standorte protokolliert, sondern auch unser Verhalten in verschiedensten Anwendungen und Diensten.

Durch den Einsatz von Betriebssystemen wie Linux können Sie einen bedeutenden Schritt in Richtung mehr Datenschutz machen. Linux-Distributionen sind in der Regel darauf ausgelegt, weniger personenbezogene Daten zu sammeln und bieten Ihnen mehr Kontrolle über Ihre Informationen. Sie können entscheiden, welche Daten an welche Stellen gesendet werden und haben die Möglichkeit, transparente und offene Software zu nutzen, die von einer engagierten Community unterstützt wird, die auf Datenschutz und Sicherheit setzt. Im Gegensatz zu den kommerziellen Betriebssystemen wird Ihre Privatsphäre hier nicht als Geschäftsmodell betrachtet, sondern respektiert.

2. Schutz der Umwelt: Ein nachhaltiger Beitrag für unseren Planeten

Neben dem Schutz Ihrer Daten ist auch der Umweltschutz ein wichtiges Anliegen, das in der heutigen Zeit nicht mehr ignoriert werden kann. Der Elektronikmüll ist ein wachsendes Problem: Jedes Jahr landen Millionen von Geräten auf dem Schrottplatz, weil sie nicht mehr mit den neuesten Softwareanforderungen kompatibel sind. Dies führt zu einer massiven Belastung der Umwelt durch Schadstoffe und Ressourcenverschwendung.

Mit Linux können Sie jedoch aktiv zur Reduzierung dieses Mülls beitragen. Linux ist bekannt dafür, dass es auf einer breiten Palette von Hardwarekonfigurationen läuft, einschließlich älterer und weniger leistungsfähiger Geräte. Anstatt funktionstüchtige Geräte aufgrund nicht kompatibler Software aufzugeben, können Sie sie mit einer leichtgewichtigen Linux-Distribution weiter nutzen. Dies verlängert die Lebensdauer Ihrer Hardware und reduziert die Menge an Elektroschrott, die produziert wird. Durch diese Entscheidung tragen Sie aktiv zur Schonung von Ressourcen und zur Verringerung des Umweltimpact bei.

3. Entlastung Ihres Geldbeutels: Kostenersparnis durch alternative Software

Schließlich wollen wir auch den finanziellen Aspekt nicht außer Acht lassen. Die Kosten für Betriebssysteme und Softwarelizenzen können sich schnell summieren, vor allem, wenn man die ständigen Upgrades und neuen Versionen berücksichtigt. Windows 11 beispielsweise erfordert nicht nur neue Hardware für viele Nutzer, sondern auch potenziell zusätzliche Kosten für Software und Upgrades.

Linux bietet hier eine attraktive Alternative. Viele Linux-Distributionen sind kostenlos und Open Source, was bedeutet, dass Sie keine Kosten für Lizenzen oder teure Upgrades einplanen müssen. Auch viele Anwendungen, die Sie möglicherweise benötigen, sind als Open-Source-Software verfügbar und damit kostenfrei. Dies ermöglicht Ihnen nicht nur erhebliche Einsparungen, sondern auch die Freiheit, die Software nach Ihren eigenen Bedürfnissen anzupassen und zu erweitern, ohne sich finanziell zu belasten.

Nochmals ein herzliches Dankeschön, dass Sie bis hierhin gelesen haben. Es ist ermutigend zu sehen, dass immer mehr Menschen sich bewusst mit diesen wichtigen Themen auseinandersetzen. Der Schutz Ihrer Daten, die Schonung der Umwelt und die Reduzierung von Kosten sind nicht nur persönliche Anliegen, sondern tragen auch zu einer nachhaltigeren und gerechteren digitalen Welt bei.

Durch die Entscheidung, sich mit Alternativen wie Linux auseinanderzusetzen, leisten Sie einen wertvollen Beitrag auf all diesen Ebenen. Ihre Wahl kann nicht nur Ihre eigene digitale Erfahrung verbessern, sondern auch einen positiven Unterschied für unsere Welt und Ihre Finanzen machen. Ich hoffe, dieser Artikel hat Ihnen geholfen, die Zusammenhänge zu verstehen und Ihnen einige nützliche Perspektiven eröffnet.

Also. Lassen Sie uns beginnen zu Linuxen!

16.1 Eigene Notizen

Eigene Notizen

17. Linux Mint statt Windows

Ich gehe mit Ihnen hier die Umstellung von Windows zu Linux Mint an, weil Linux Mint für den Umstieg am allerbesten geeignet ist. Die Bedienung und Art und Weise wie Linux Mint mit seinem Cinnamon-Desktop benutzt werden kann, kommt Windows sehr nahe. Außerdem ist Linux Mint von Hause aus mit vielen Software-Produkten ausgestattet. Darunter sind E-Mail-Client, LibreOffice, Video, Foto, Grafikbearbeitung, Musik, Internet und TV und Linux Mint hat einen »App Store« mit tausenden kostenlosen Programmen, die keine Wünsche offenlassen.

17.1 Was ist Linux Mint?

Linux Mint ist eine der beliebtesten Linux-Distributionen und richtet sich vor allem an Anwenderinnen und Anwender, die eine benutzerfreundliche und stabile Alternative zu Windows suchen. In diesem Kapitel werde ich die Geschichte von Linux Mint, die Bedienung, sowie die Vorteile und Besonderheiten dieser Distribution beleuchten.

Linux Mint wurde 2006 von dem französisch-irländischen Entwickler Clément Lefèbvre gegründet. Die erste Version, »Ada«, basierte auf Kubuntu und nutzte die KDE-Desktopumgebung. Ursprünglich begann

Linux Mint als eine Distribution, die auf Ubuntu basierte und vor allem für ihre Multimedia-Unterstützung geschätzt wurde, da sie viele Codecs und Treiber bereits vorinstalliert hatte. Im Laufe der Jahre hat sich Linux Mint weiterentwickelt und bietet heute mehrere Desktopumgebungen, darunter Cinnamon, MATE und Xfce, die alle auf Benutzerfreundlichkeit und Stabilität ausgerichtet sind.

Wenn es um Linux Mint geht, haben Sie die Wahl zwischen drei verschiedenen Desktop-Umgebungen: Cinnamon, MATE und Xfce. Jede dieser Umgebungen bietet ihre eigenen Vorzüge und einzigartigen Eigenschaften, die Ihren Arbeitsstil und Ihre Hardwareanforderungen berücksichtigen. Lassen Sie uns einen genaueren Blick auf diese drei Optionen werfen und herausfinden, welche am besten zu Ihnen passt. Die bekanntesten sind:

1. **Cinnamon**: Diese von Linux Mint entwickelte Desktopumgebung bietet eine moderne und elegante Benutzeroberfläche, die an Windows erinnert. Cinnamon ist bekannt für seine Anpassbarkeit und Benutzerfreundlichkeit.

Wenn Sie nach der aktuellsten und voll ausgestatteten Desktop-Umgebung suchen, dann ist Cinnamon

wahrscheinlich Ihre erste Wahl. Cinnamon ist die
beliebteste Version von Linux Mint und das Herzstück
der Distribution. Entwickelt und gepflegt von der
Linux Mint-Community, bietet Cinnamon eine
moderne und elegante Benutzeroberfläche, die sowohl
ästhetisch ansprechend als auch funktional ist.

Cinnamon zeichnet sich durch seine benutzerfreundliche Oberfläche aus, die stark an Windows erinnert,
was den Übergang für ehemalige Windows-Nutzer
erleichtert. Die Umgebung bietet eine Vielzahl von
Anpassungsoptionen und neuen Funktionen, die den
Desktop zu einem echten Erlebnis machen. Von der
flexiblen Taskleiste bis hin zu innovativen Fensterver-
waltungen – Cinnamon ist darauf ausgelegt, ein
professionelles und zugleich anpassbares Arbeitsum-
feld zu bieten.

2. MATE: Diese Desktopumgebung basiert auf
GNOME 2 und ist ideal für Benutzer, die eine traditionelle und ressourcenschonende Oberfläche bevorzugen.

Wenn Sie eher den klassischen Look bevorzugen und
dabei nicht auf Geschwindigkeit verzichten möchten,
dann ist MATE die richtige Wahl für Sie. MATE basiert
auf dem früheren GNOME 2-Design und bietet eine

vertraute, traditionelle Benutzeroberfläche, die viele Nutzer aus der Vergangenheit schätzen.

Der große Vorteil von MATE liegt in seiner Geschwindigkeit und Ressourcenschonung. Da es auf einer weniger komplexen Codebasis basiert, eignet es sich hervorragend für ältere Hardware oder Systeme, die weniger leistungsstark sind. MATE bietet eine stabile und zuverlässige Arbeitsumgebung ohne die zusätzlichen Features und Belastungen, die modernere Desktops mit sich bringen könnten.

3. Xfce: Eine leichtgewichtige und schnelle Desktopumgebung, die sich besonders für ältere Hardware eignet.

Für diejenigen, die maximale Leistung auf minimaler Hardware wollen, ist Xfce die Desktop-Umgebung der Wahl. Xfce ist bekannt für seine Leichtgewichtigkeit und Effizienz. Es stellt sicher, dass auch ältere oder weniger leistungsstarke Maschinen reibungslos laufen können, ohne dabei auf wichtige Funktionen verzichten zu müssen.

Trotz seiner geringen Systemanforderungen bietet Xfce eine anpassbare und funktionale Desktop-Erfahrung. Es ist weniger aufdringlich als Cinnamon oder

MATE und konzentriert sich darauf, eine schnelle, stabile und ressourcenschonende Umgebung zu bieten. Wenn Sie also einen schnellen und reaktionsschnellen Desktop wünschen, der auf verschiedenen Hardwarekonfigurationen gut funktioniert, ist Xfce eine ausgezeichnete Wahl.

Die Entscheidung zwischen Cinnamon, MATE und Xfce hängt letztlich von Ihren persönlichen Vorlieben und Anforderungen ab. Wenn Sie ein modernes, funktionsreiches und optisch ansprechendes System möchten, dann ist Cinnamon wahrscheinlich die beste Wahl. Wenn Sie jedoch Wert auf eine klassische, schnelle und ressourcenschonende Umgebung legen, dann sollten Sie MATE in Betracht ziehen. Und wenn Sie ein leichtgewichtiges System für ältere Hardware oder ein minimalistisches Setup bevorzugen, dann ist Xfce die ideale Lösung.

Jede dieser Desktop-Umgebungen bringt ihre eigenen Stärken und Besonderheiten mit sich. Glücklicherweise ist Linux Mint so flexibel, dass Sie die Möglichkeit haben, verschiedene Umgebungen auszuprobieren und diejenige zu finden, die am besten zu Ihrem Arbeitsstil und Ihren Anforderungen passt. Egal, welche Wahl Sie treffen, Linux Mint bietet Ihnen eine solide Basis für eine produktive und angenehme Computing-Erfahrung.

Falls Sie bereits Linux Mint mit einer bestimmten Desktop-Umgebung installiert haben und später eine andere Desktop-Umgebung ausprobieren möchten, können Sie diese auch nachträglich installieren, indem Sie zusätzliche Pakete aus den offiziellen Repositories nachinstallieren. Zum Beispiel können Sie Cinnamon auf einer MATE-Installation nachträglich hinzufügen, indem Sie die entsprechenden Pakete installieren.

Sie können auch weitere frei verfügbare Desktopumgebungen installieren, ausprobieren und wieder verwerfen, wenn sie möchten. Sie sind vollkommen frei in der Entscheidung und finden sicher den richtigen Desktop für sich. Da kann Windows nicht mithalten. Microsoft tritt diese Entscheidung für Sie.

Die Bedienung von Linux Mint ist intuitiv und benutzerfreundlich gestaltet, was insbesondere für Windows-Umsteiger von Vorteil ist. Hier sind einige zentrale Aspekte der Bedienung:

1. **Installation**: Die Installation von Linux Mint ist unkompliziert. Der grafische Installer führt Sie Schritt

für Schritt durch den Prozess. Sie können Linux Mint entweder als alleiniges Betriebssystem oder neben einem bestehenden Windows-System installieren.

2. Desktop: Der Desktop von Linux Mint ist klar strukturiert. Das Startmenü befindet sich links unten und ähnelt dem von Windows. Hier finden Sie Anwendungen, Einstellungen und Systemwerkzeuge. Die Taskleiste zeigt geöffnete Anwendungen und Systembenachrichtigungen an.

3. Anwendungsverwaltung: Mit dem »Software Manager«, den ich gerne »App-Store« nenne, können Sie einfach und bequem neue Programme installieren. Er bietet eine große Auswahl an Anwendungen, die in Kategorien unterteilt sind. Viele bekannte Programme wie Firefox, LibreOffice und VLC sind bereits vorinstalliert.

4. Systemeinstellungen: Über die »System Settings« können Sie Ihr System umfassend anpassen. Von der Optik über die Netzwerkeinstellungen bis hin zu Benutzerkonten – alles ist übersichtlich an einem Ort zu finden.

Für Windows-Umsteigerinnen und Umsteiger bietet Linux Mint zahlreiche Vorteile:

1. Kostenlos und Open Source: Linux Mint ist kostenlos verfügbar und die gesamte Software basiert auf Open-Source-Lizenzen. Es entstehen keine Lizenzkosten wie bei Windows.

2. Sicherheit: Linux Mint gilt als sehr sicher. Aufgrund der geringen Verbreitung von Linux im Vergleich zu Windows sind Schadsoftware und Viren deutlich seltener. Zudem bietet Linux Mint regelmäßige Sicherheitsupdates.

3. Performance: Linux Mint ist bekannt für seine gute Performance, selbst auf älterer Hardware. Es benötigt weniger Ressourcen als moderne Windows-Versionen, was zu einer schnelleren und flüssigeren Benutzererfahrung führt.

4. Anpassbarkeit: Die Möglichkeit, das System und die Benutzeroberfläche nach eigenen Wünschen anzupassen, ist ein großer Vorteil. Sie können Themes, Applets und Desklets hinzufügen, um das Aussehen und die Funktionalität anzupassen.

5. Software-Auswahl: Linux Mint bietet eine große Auswahl an kostenloser Software. Viele der unter Windows bekannten Programme gibt es auch für

Linux. Für spezielle Windows-Software können Sie oft Alternativen finden oder Windows-Programme mittels Wine ausführen.

6. Community und Support: Linux Mint hat eine große und aktive Community. In Foren, Wikis und Blogs finden Sie umfangreiche Unterstützung und Anleitungen. Zudem gibt es offizielle Dokumentationen und Support-Optionen.

Unterschiede und Vorteile gegenüber Windows:

1. Update-Politik: Während Windows Updates oft zu unpassenden Zeiten durchführt und teilweise Systemneustarts erzwingt, haben Sie unter Linux Mint die Kontrolle über Updates. Sie können entscheiden, wann und welche Updates installiert werden sollen.

2. Datenschutz: Linux Mint respektiert Ihre Privatsphäre. Es gibt keine zwangsweise Telemetrie oder Datensammlung wie bei Windows 10 und 11.

3. Stabilität: Linux Mint ist für seine Stabilität bekannt. Es basiert auf stabilen Versionen von Ubuntu und Debian und erhält regelmäßig Sicherheits- und Wartungsupdates, die das System zuverlässig halten.

4. Modularität: Linux Mint ist modular aufgebaut. Das bedeutet, Sie können einzelne Komponenten nach Ihren Bedürfnissen austauschen oder hinzufügen, ohne das gesamte System neu installieren zu müssen.

Mein Kurz-Fazit:

Linux Mint ist eine hervorragende Wahl für alle, die nach einer benutzerfreundlichen, stabilen und sicheren Alternative zu Windows suchen. Mit seiner Vielfalt an Desktopumgebungen, der umfassenden Anpassbarkeit und den zahlreichen Vorteilen gegenüber Windows bietet Linux Mint ein leistungsfähiges und flexibles Betriebssystem für Einsteigerinnen und Einsteiger sowie erfahrene Benutzer gleichermaßen. Wenn Sie bereit sind, Neues auszuprobieren und von den zahlreichen Vorteilen von Linux Mint zu profitieren, könnte ein Wechsel zu dieser Linux-Distribution genau das Richtige für Sie sein. Und das wollen wir doch jetzt gemeinsam angehen, oder?

17.2 Eigene Notizen

Eigene Notizen

18. Vorbereitung der Umstellung

Die Umstellung von Windows auf Linux ist ein großer Schritt, der gut geplant und vorbereitet sein sollte, um einen reibungslosen Übergang zu gewährleisten. In diesem Kapitel werden alle wichtigen Überlegungen und Schritte beschrieben, die Sie vor und während der Umstellung berücksichtigen sollten. Dazu gehören die Auswahl der richtigen Distribution, wobei ich ja schon schrieb, dass ich Ihnen Linux-Mint vorstelle, die Sicherung Ihrer Daten, die Vorbereitung der Hardware und die Einarbeitung in das neue System.

18.1   Was Sie benötigen

1. Eine mobile Festplatte, die größer als der Speicher im Rechner ist – um ALLE Daten und das Windows Image aufnehmen zu können. Achten Sie darauf, dass die Festplatte in einwandfreiem Zustand ist. Sie darf keinesfalls unterwegs den Geist aufgeben.

2. Cloud-Speicher. Sollten Sie keine Festplatte haben, oder Ihre nicht reichen, geht für ein Backup auch Cloudspeicher. Sie können natürlich auch DVDs brennen. Hauptsache Sie haben ein vernünftiges Backup.

3. Paragon Backup 17 CE. Das kostenlose Backuptool können Sie bei Paragon herunterladen.

4. USB Stick für Paragon Rettungsumgebung. Ich empfehle 16GB Stick. Diesen Stick benötigen Sie, um im Fehlerfall die Paragon-Rettungsumgebung zu starten und dann ein Windows-Backup zurückzulegen. Nachdem Sie den Rettungsstick erstellt haben, empfehle ich Ihnen, den Stick mit einem Edding zu beschriften.

5. Zweiter USB Stick für die Linux-Live-Umgebung und den Linux- Installer. Ich empfehle 16GB Stick.

6. Hardware-Inventur. Gehen in die Systemsteuerung in den Gerätemanager und notieren Sie die installierten Geräte. Wenn Sie einen halbwegs modernen, normalen PC oder Laptop haben, sollte Linux Mint ohne Probleme funktionieren. Aber wie immer sind die Details ausschlaggebend. Sie können natürlich auch Screenshots machen und diese dann Ausdrucken. Hauptsache Sie können später sagen, was im Rechner verbaut ist. Meistens braucht man diese Hardwareliste nicht – aber wenn man sie aus irgendeinem Grund braucht, dann hat man sie besser schon.

7. Software-Inventur. Notieren Sie sich, welche Software installiert ist und welche Sie nutzen. Office, Photoshop und so weiter. In Linux gibt es zu fast jedem Produkt eine Alternative. Dennoch kann es sein, dass ein spezielles Programm nicht unter Linux läuft, und sie eventuell WINE (Wine Is Not an Emulator) benötigen. Sie müssen genau wissen, welche Produkte Sie verwenden.

7. Konten und Logins. Sie benötigen alle Ihre Konten und die dazugehörigen Logindaten, um Sie in Linux verwenden zu können. Ich empfehle Ihnen: Installieren Sie den Firefox-Browser auf Ihrem Windows-Rechner und legen Sie ein Firefox-Syncronisations-Konto an, aktivieren Sie im Firefox-Konto 2 Faktor. Loggen Sie sich in alle Dienste ein und speichern Sie die Passwörter in Firefox. Oder installieren Sie sich Keepass oder KeepassXC und speichern Sie dort alle Ihre Logins und Accounts in einem sicheren Passwort-tresor. Denken Sie an Mail-Konten, Facebook, Instagram, Twitter, Amazon, Banklogins und und und.

8. Zeit und Geduld. Sie werden Zeit und Geduld mitbringen müssen. Alle Accounts zusammensammeln und in Firefox oder Keepass speichern. Überblick über Hardware und Software. Um so mehr Daten auf dem PC sind, um so mehr Zeit brauchen die Backups. Mach Sie das alles erst in Ruhe und bringen Sie alle Daten in Sicherheit. Erst danach sollten Sie sich überhaupt erst an die Umstellung selbst machen.

18.2 Datensicherung

Bevor wir mit einer Umstellung von Windows zu Linux beginnen können, ist eine umfassende Datensicherung unerlässlich. Gehen Sie folgendermaßen vor:

1. **Externe Festplatte oder Cloud**: Sichern Sie Ihre wichtigen Dateien auf externen Festplatten oder in der Cloud, wenn Sie einen vertrauensvollen Speicher haben, den nur Sie selbst betreten können. Dies stellt sicher, dass Ihre Daten auch im Falle eines Fehlers während der Installation geschützt sind.

2. **Systemabbild**: Erstellen Sie ein komplettes Systemabbild Ihres Windows-Systems. Dies ermöglicht es Ihnen, bei Bedarf auf Ihr altes System zurückzukehren. Ich gehe später im Kapitel Paragon Vollbackup genau darauf ein. Das wird das nächste Kapitel sein – denn ein Vollbackup der Systemplatte ist das erste, was wir machen bevor wir Änderungen am System durchführen.

3. **Anwendungsdaten**: Sichern Sie Konfigurationsdateien und Anwendungsdaten, insbesondere wenn Sie spezielle Software verwenden, deren Daten migriert werden müssen.

18.3   Backup und Vollsicherung von Windows

Weil es bei jeder Änderung am System zu Fehlern kommen kann, ist ein Image-Backup also eine Vollsicherung des Systems unumgänglich.

Sie benötigen eine Festplatte oder einen anderen Speicher, der im Minimum so groß ist, wie ihre Systemfestplatte, wo Windows drauf installiert ist. Besser allerdings ist es, wenn sie eine zusätzliche, externe Festplatte haben, die mindestens so groß ist, wie alle Laufwerke im Rechner die Daten enthalten.

Ich empfehle ihnen das für Privatanwender kostenlose »Paragon Backup 17 CE«, weil es sehr zuverlässig ist und ich schon etliche Tests damit gemacht habe. Die voll und Imagebackups funktionieren extrem gut. Ich hatte noch keinen Fehler bei Wiederherstellen eines Rechners. Ich habe auf meiner Website eine Anleitung und alle Infos zum kostenlosen Download: https://ralf-peter-kleinert.de/sicherheit-in-der-it/ paragon-backup-kostenlos.html

1. Laden Sie Paragon Backup 17 CE von der Herstellerseite herunter. Bitte nur von der Herstellerseite und nirgendwo anders. Sie finden den Link zum Hersteller auf meiner Website. Das betone ich lediglich aus

Sicherheitsgründen, weil bösartige Akteure natürlich manipulierte Installer in Umlauf bringen können.

2. Installieren Sie Paragon Backup 17 CE auf Ihrem Windows-Rechner. Starten Sie Paragon und befolgen Sie die Hinweise auf dem Bildschirm. Erstellen Sie die Rettungsumgebung auf einem USB-Stick, so wie Paragon es vorschlägt (dieses Windows Image verwenden). Wählen Sie den zu sichernden Datenträger aus (in der Regel ist das c: und wählen Sie die gesamte Festplatte aus. Wählen Sie das Ziellaufwerk aus und lassen Sie Paragon in aller Ruhe die Sicherung machen. Es kommt darauf an, wie groß Ihre Festplatte oder SSD ist. Das Backup kann unter Umständen Stunden dauern.

Auch ohne einen geplanten Umstiegt von Windows auf ein anderes System ist Paragon ein Programm, welches im Notfall die Rettung sein kann.

18.4 Eigene Notizen

Eigene Notizen

19. Download Linux Mint und Rufus

Um Linux Mint zu starten, benötigen Sie einen USB-Start-Stick. Sie benötigen das Linux-Mint-ISO-Image um den Stick zu erstellen, und das Programm Rufus, welches aus dem IOS-Image einen Startstick erstellt.

1. Laden Sie »Linux Mint« von der Herstellerseite: https://www.linuxmint.com/ herunter. Das Image ist ca 3 GB groß und der Download dauert entsprechend.

2. Laden Sie »Rufus« von: https://rufus.ie/de/ herunter. Sie können Rufs starten, ohne dass es installiert werden muss.

3. Nehmen Sie einen USB-Stick (empf. 16 GB) zur Hand, achten Sie darauf, dass dieser keine wichtigen Daten enthält. Und achten Sie außerdem besonders darauf, dass Sie nicht den Paragon-Rettungsstick nehmen.

19.1 Linux-Mint Startstick erstellen

Ich habe extra für die Erläuterungen hier, Linux Mint und Rufus geladen, einen 32 GB USB-Stick Platt gemacht, um ihnen das Schritt für Schritt zeigen zu können.

Das wirklich Schöne an Linux Mint ist, dass Sie es problemlos als Live-System testen können, ohne Änderungen an Ihrem bestehenden Betriebssystem vornehmen zu müssen. Mit einem Live-USB-Stick oder einer Live-DVD können Sie Linux Mint direkt von diesem Medium starten und es vollständig nutzen, als wäre es auf Ihrer Festplatte installiert. Dies ermöglicht Ihnen, die Benutzeroberfläche, die vorinstallierten Anwendungen und die generelle Leistungsfähigkeit des Systems in einer realen Umgebung zu erleben. Zudem bietet Linux Mint eine benutzerfreundliche Oberfläche und eine Vielzahl von Anwendungen, die out-of-the-box funktionieren, was besonders für Einsteigerinnen und Einsteiger in die Linux-Welt attraktiv ist. Nach dem Testen können Sie den Rechner einfach neu starten und Ihr ursprüngliches Betriebssystem ist unverändert vorhanden.

1. **Starten** Sie Rufus und wählen Sie unter »Laufwerk« Ihren Stick aus.

2. **Klicken** Sie den Button »AUSWAHL«, suchen Sie die Linux Mint ISO-Image-Datei in Ihrem Downloadordner. Bei mir ist es die: linuxmint-21.3-cinnamon-64bit-edge.iso, und doppelklicken Sie die Datei oder markieren Sie sie und klicken auf »Öffnen«.

Rufus lädt die Datei und nimmt selbstständig die Einstellungen für: Partitionsschema, Zielsystem, Laufwerksbezeichnung, Dateisystem und Zuordnungseinheiten vor.

3. Klicken Sie unten auf Start. Es erscheint ein Fenster ISOHyprid-Image erkannt. Belassen Sie die Einstellung auf empfohlen und klicken Sie »OK«. Es ist möglich, dass ein weiteres Fenster geöffnet wird und Rufus informiert, dass noch fehlende Daten heruntergeladen werden müssen. Klicken Sie in diesem Falle »Ja«. Es kommt eine Warnung, dass alle Daten auf dem Stick gelöscht werden. Wenn Sie sicher sind, dass keine wichtigen Daten auf dem Stick sind, klicken Sie »OK«. Rufus erstellt nun den Stick:

Wenn Rufus den Stick erstellt hat, steht im grünen Bereich »FERTIG«. Klicken Sie nun »SCHLIESSEN«.

Der Stick ist nun fertig und Sie können ihn zum Starten von Linux Mint verwenden. Wie vorhin schon beschrieben, muss zum Ausprobieren Linux nicht mal installiert werden, denn Linux Mint kann als Live System gestartet werden und läuft dass nur aus dem Arbeitsspeicher.

19.2   Linux als Live System starten

Für Linux-Neulinge ist es stets ratsam, zunächst das Live-System von Linux Mint zu starten, um sicherzustellen, dass die Hardware des Rechners vollständig kompatibel ist. Diese Methode erlaubt es den Benutzerinnen und Benutzern, das Betriebssystem in einer realen Umgebung zu erleben, ohne das vorhandene System zu verändern. Darüber hinaus ist es vorteilhaft, sich vor einer Installation mit der Benutzeroberfläche und den Funktionen von Linux Mint vertraut zu machen.

Das Live-System bietet die Möglichkeit, erste Erfahrungen zu sammeln und zu sehen, wie die verschiedenen Programme und Einstellungen funktionieren. Dies kann den Einstieg erleichtern und die anfängliche Lernkurve abflachen, da man bereits eine gewisse Vertrautheit mit dem System entwickelt hat, bevor man sich zu einer vollständigen Installation entschließt.

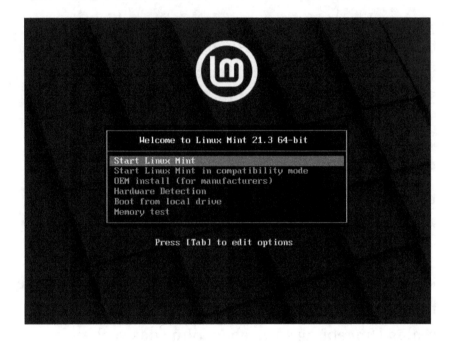

Sie sehen auf der nächsten Seite 2 Bilder des Linux Mint Schreibtisches (des Desktops).

19.3 Vorbereitung der Hardware

Überprüfen Sie Ihre Hardware auf Kompatibilität und führen Sie gegebenenfalls Anpassungen durch:

1. Treiber: Informieren Sie sich über die Verfügbarkeit von Treibern für Ihre Hardware. Die meisten modernen Distributionen unterstützen eine breite Palette an Hardware, aber spezielle Geräte wie Drucker oder Grafikkarten erfordern möglicherweise zusätzliche Treiber.

2. Partitionierung: Überlegen Sie, wie Sie Ihre Festplatte partitionieren möchten. Es ist sinnvoll, eine separate Partition für Ihre persönlichen Daten anzulegen, um diese bei zukünftigen Systemaktualisierungen oder -wechseln zu schützen.

3. Peripheriegeräte: Testen Sie alle Ihre Peripheriegeräte wie Drucker, Scanner und externe Laufwerke mit der Live-Version der gewählten Distribution, um sicherzustellen, dass sie kompatibel sind.

19.4 Eigene Notizen

Eigene Notizen

20. Meine Empfehlung Live-Modus

Bevor Sie sich entschließen, Linux Mint auf Ihrem
Rechner zu installieren und dabei möglicherweise Ihr
bestehendes Windows-Betriebssystem zu überschrei-
ben, möchte ich Ihnen dringend empfehlen, zunächst
den Live-Modus von Linux Mint zu nutzen. Der Live-
Modus ermöglicht es Ihnen, Linux Mint auszuprobieren, ohne Änderungen an Ihrem derzeitigen
System vorzunehmen. Lassen Sie uns gemeinsam
durchgehen, warum dies eine so kluge Entscheidung
ist und warum Sie sich keine Sorgen machen müssen.
Auf die richtige Installation von Linux Mint, gehe ich
im nächsten Kapitel ein.

1. Keine Risiken für Ihr aktuelles System

Der Live-Modus von Linux Mint ist eine großartige
Möglichkeit, das Betriebssystem zu testen, ohne dabei
Ihr bestehendes Windows oder ein anderes Betriebssystem zu gefährden. Im Live-Modus läuft Linux Mint
direkt vom USB-Stick oder der DVD, ohne dass es
Änderungen an Ihrer Festplatte oder Ihrem aktuellen
Betriebssystem vornimmt. Sie können alle Funktionen
und Anwendungen von Linux Mint nutzen, ohne
etwas an Ihrem aktuellen Setup zu verändern.

Warum ist das wichtig? Weil Sie in diesem Modus Linux Mint vollständig erleben können, ohne das Risiko einzugehen, dass Sie versehentlich Daten verlieren oder Ihr aktuelles System beschädigen. Sie müssen sich keine Sorgen machen, dass beim Testen von Linux Mint etwas schiefgeht – Ihr Windows-System bleibt intakt und unberührt.

2. Volle Funktionalität ohne Installation

Im Live-Modus haben Sie die Möglichkeit, die vollständige Funktionalität von Linux Mint zu erleben. Sie können alle vorinstallierten Anwendungen testen, durch das System navigieren und sich mit der Benutzeroberfläche vertrautmachen.

Warum ist das nützlich? Weil Sie so herausfinden können, ob Linux Mint Ihren Anforderungen entspricht, bevor Sie eine endgültige Entscheidung treffen. Sie können die Benutzeroberfläche testen, sehen, wie gut die Software auf Ihrer Hardware läuft, und überprüfen, ob alle benötigten Funktionen vorhanden sind. Dies gibt Ihnen einen klaren Überblick darüber, wie Linux Mint in der Praxis funktioniert, ohne sich auf die Installation festlegen zu müssen.

3. Schnelles und sicheres Testen

Das Ausprobieren von Linux Mint im Live-Modus ist nicht nur sicher, sondern auch einfach und schnell. Sie müssen nichts auf Ihrer Festplatte ändern oder installieren – einfach den USB-Stick einstecken, den Rechner neu starten und schon sind Sie bereit, Linux Mint zu testen.

Warum ist das vorteilhaft? Weil der Live-Modus Ihnen eine schnelle Möglichkeit bietet, Linux Mint zu erkunden, ohne sich mit den oft zeitaufwändigen und komplexen Installationsprozessen auseinandersetzen zu müssen. Sie können innerhalb weniger Minuten sehen, ob das System Ihren Erwartungen entspricht, ohne sich in den Installationsdetails zu verlieren.

4. Testen ohne Verpflichtungen

Der Live-Modus ermöglicht es Ihnen, Linux Mint völlig unverbindlich zu testen. Wenn Sie feststellen, dass es nicht Ihren Erwartungen entspricht oder Sie bestimmte Funktionen nicht finden, können Sie einfach den USB-Stick entfernen und Ihren Rechner wie gewohnt weiternutzen.

Warum ist das beruhigend? Weil Sie keine langfristige Verpflichtung eingehen müssen. Sie können Linux Mint nach Belieben ausprobieren und sofort wieder auf Ihr bestehendes Betriebssystem zurückkehren, wenn es nicht das richtige für Sie ist. Dies minimiert den Stress und die Unsicherheit, die oft mit der Installation neuer Betriebssysteme verbunden sind.

5. Fehlerdiagnose und Hardware-Kompatibilität

Ein weiterer großer Vorteil des Live-Modus ist, dass er Ihnen hilft, mögliche Hardware-Komplikationen zu erkennen, bevor Sie eine vollständige Installation durchführen. Sie können sehen, wie gut Linux Mint mit Ihrer Hardware funktioniert – ob alle Treiber korrekt geladen werden, ob es Probleme mit der Bildschirmauflösung gibt oder ob spezielle Hardware-Komponenten richtig erkannt werden.

Warum ist das wichtig? Weil Sie so potenzielle Probleme frühzeitig erkennen können, ohne sich die Mühe einer vollständigen Installation machen zu müssen. Sollten Sie auf Probleme stoßen, können Sie diese im Live-Modus beheben oder sich informieren, ob es Lösungen gibt, bevor Sie eine endgültige Entscheidung zur Installation treffen.

6. Zusammenfassung

Im Live-Modus können Sie also Linux Mint umfassend testen, ohne Ihr bestehendes System zu gefährden oder Änderungen an Ihrer Festplatte vorzunehmen. Es ist die beste Möglichkeit, sich mit der Benutzeroberfläche und den Funktionen des Betriebssystems vertraut zu machen, die Hardware-Kompatibilität zu überprüfen und herauszufinden, ob Linux Mint für Ihre Bedürfnisse geeignet ist – und das ganz ohne Risiko.

Es lässt sich einfach sagen: Der Live-Modus ist die ideale Lösung für alle, die sich Sorgen über mögliche Probleme bei der Installation machen. Sie können Linux Mint gefahrlos ausprobieren und sich ein umfassendes Bild von dem Betriebssystem machen, bevor Sie sich entscheiden, ob es auf Ihrem Rechner installiert werden soll. Machen Sie sich also keine Sorgen und nutzen Sie diese Möglichkeit, um die Vorteile von Linux Mint ohne Verpflichtungen zu erleben.

20.1 Eigene Notizen

Eigene Notizen

21. Ende der grundlegenden Vorbereitungen

Liebe Leserinnen und Leser, liebe Interessenten. So weit so gut. Wir haben nun ausführlich besprochen, warum ein Umstieg von Windows zu Linux Mint eine echte Alternative darstellt. Ich habe die Vor- und Nachteile der Cloud-Nutzung analysiert und Ihnen den Installationsprozess von Linux Mint nähergebracht. Dabei waren die Sicherung Ihrer Daten und die Durchführung von Backups ein entscheidender Schritt.

Obwohl Windows an vielen Stellen angepasst werden kann, um den Datenfluss zu minimieren, bleibt die vollständige Kontrolle nur erhalten, wenn das System offline ist. Ich selbst habe viele Jahre mit Windows gearbeitet und es geschätzt, doch die aktuellen Entwicklungen stoßen bei mir auf Bedenken. Wenn Sie dieses Buch gekauft haben, teilen Sie vermutlich diese Skepsis.

Dieses Buch richtet sich nicht an Linux-Profis, sondern an alle, die den Wechsel zu Linux Mint möglichst reibungslos gestalten möchten. Es ist unmöglich, auf jede Facette von Linux einzugehen, doch ich werde Sie durch die wichtigsten Funktionen und Programme führen, um sicherzustellen, dass Sie produktiv mit Ihrem neuen System arbeiten können.

Bedenken Sie, dass jeder Computer einzigartig ist. Die Hardware-Konfigurationen können die Erfahrung mit Linux Mint individuell beeinflussen. Seien Sie also gespannt auf die kommenden Kapitel, in denen wir das System genauer kennenlernen und uns auf die praktische Arbeit vorbereiten.

21.1   Eigene Notizen

Eigene Notizen

22. Linux Mint installieren

Nachdem Sie, wie weiter vorn beschrieben einen
Linux Mint Startstick erstellt haben, ist es an der zeit
Linux Mint zu starten.

1. USB-Stick vorbereiten und einstecken

Stellen Sie sicher, dass Ihr USB-Stick korrekt vorbereitet ist und Linux Mint darauf installiert ist. Stecken Sie
den USB-Stick in einen freien USB-Port Ihres Rechners.

2. Rechner neu starten

Um den Rechner vom USB-Stick zu starten, müssen
Sie Ihren Computer neu starten. Dazu können Sie ent-
weder über das Startmenü neu starten oder den
Ein-/Ausschalter Ihres Rechners für einige Sekunden
gedrückt halten und dann wieder drücken, um einen
Neustart einzuleiten.

3. BIOS/UEFI-Zugriff

Beim Neustart Ihres Rechners müssen Sie ins BIOS-
oder UEFI-Setup gelangen, um die Boot-Reihenfolge
anzupassen. Dies ist der Bereich, in dem Sie festlegen
können, von welchem Medium Ihr Rechner starten
soll.

- BIOS/UEFI-Zugriff: Normalerweise sehen Sie beim Starten des Rechners einen kurzen Hinweis auf dem Bildschirm, welche Taste Sie drücken müssen, um ins BIOS oder UEFI zu gelangen. Dies kann eine der folgenden Tasten sein: Esc, F1, F2, F8, F10, F11, F12 oder Entf.
- Macs: Wenn Sie einen Mac verwenden, halten Sie nach dem Startton die Alt- oder Option-Taste gedrückt, um das Boot-Menü aufzurufen.

4. Boot-Gerät auswählen

Sobald Sie im BIOS- oder UEFI-Menü sind, müssen Sie die Boot-Reihenfolge ändern, um sicherzustellen, dass Ihr Rechner vom USB-Stick startet.

- Boot-Menü: Viele Systeme bieten eine spezielle Taste, um das Boot-Menü direkt aufzurufen. Diese Taste kann F12, Esc oder eine andere sein, die auf dem Bildschirm angezeigt wird. Wählen Sie hier den USB-Stick als Boot-Option aus.
- BIOS/UEFI-Einstellungen: Wenn Sie die Boot-Reihenfolge direkt im BIOS oder UEFI ändern, navigieren Sie zu den entsprechenden Einstellungen und setzen Sie den USB-Stick an die erste Stelle der Boot-Reihenfolge. Speichern Sie die Änderungen und verlassen Sie das BIOS/UEFI.

5. Linux Mint starten

Nachdem Sie die Boot-Reihenfolge angepasst haben, wird Ihr Rechner vom USB-Stick starten. Abhängig vom Modus, in dem Ihr System läuft, sehen Sie unterschiedliche Menüs:

- EFI-Modus: Wenn Ihr System im EFI-Modus (UEFI-Modus) läuft, sehen Sie ein GRUB-Menü. GRUB ist der Bootloader, der Ihnen verschiedene Optionen bietet, wie Sie Linux Mint starten möchten. Wählen Sie einfach die Standardoption aus, um fortzufahren.
- BIOS-Modus: Falls Ihr System im BIOS-Modus (Legacy-Modus) läuft, wird ein ISOLINUX-Menü angezeigt. Dieses Menü bietet ähnliche Optionen wie GRUB, jedoch in einer anderen Darstellung.

6. Live-Modus oder Installation

Wenn Sie das Boot-Menü von Linux Mint erreicht haben, können Sie wählen, ob Sie Linux Mint im Live-Modus ausprobieren oder direkt auf Ihrem Rechner installieren möchten. Der Live-Modus ermöglicht es Ihnen, das System zu testen, ohne Änderungen an Ihrer bestehenden Installation vorzunehmen. Wenn Sie sich für die Installation entscheiden, folgen Sie einfach den Anweisungen auf dem Bildschirm, um Linux Mint auf Ihrem Rechner zu installieren.

22.1 Komlett-Installation durchführen

Ich gehe mit Ihnen jetzt die Komplett-Installation von Linux Mint 22 Wilma mit der Desktopumgebung Cinnamon durch – Wilma ist im August 2024 die aktuelle Version von Linux Mint. Sie können die ISO-Datei hier: https://www.linuxmint.com/download.php herunterladen. Die ISO ist ca 2,7 GB groß und der Download benötigt entsprechend. In den vorangegangen Kapiteln habe ich auf Linux Mint 21 Virginia verwiesen. Deshalb nun in diesem Kapitel mit einem weiteren Download der Version 22 Wilma.

Erstellen Sie wie in Kapitel 19 bereits beschrieben einen Linux Mint Startstick und starten sie von dem Stick. Sie sehen den »Welcome to Linux Mint 22« Bildschirm. Wählen Sie den ersten Eintrag »Start Linux Mint«:

Der erste Eintrag startet zunächst die Live-Umgebung. Hier können Sie zunächst prüfen, ob alles funktioniert. Es ist alles ganz ähnlich wie Sie es von Windows kennen. Unten links befindet sich das Linux Mint Logo als Startbutton für das Startmenü. Im Startmenü befinden sich die Anwendungen: Accessories, Graphics, Internet, Office, Sound & Video, Administration, Preferences und weitere. Im ersten Start ist alles noch auf Englisch. Das Betriebssystem können Sie aber während bzw. nach der Installation auf Deutsch einstellen. Testen Sie einmal ob alle Anwendungen wie Office und so weiter starten. Kommen Sie mit Firefox ins Internet? Wenn Ihr PC mit dem Inter-

net verbunden ist, sollte das alles funktionieren. Da
Mint aktuell vom Stick läuft, ist alles ein wenig langsam. Aber das bessert sich nach einer Installation
enorm.

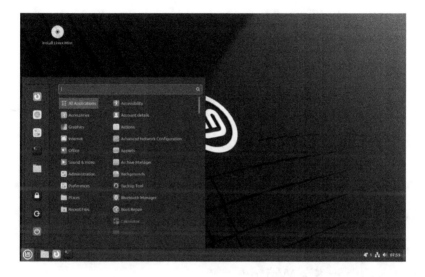

Ich gehe davon aus, dass alles Tests funktioniert
haben, dass LibreOffice gestartet ist, dass Firefox ins
Internet kommt und so weiter.

Doppelklicken Sie jetzt oben links die CD mit der Auf-
schrift »Install Linux Mint«. Es startet der Installer.
Wählen Sie ihre gewünschte Sprache. Ich wähle
Deutsch. Klicken Sie Weiter:

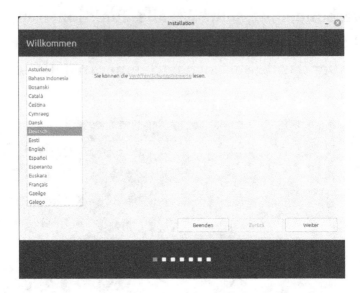

Wählen Sie ihr gewünschtes Tastaturlayout. Ich wähle German (linkes Fenster) und German (rechtes Fenster), Klicken Sie Weiter:

Machen Sie ein Häkchen bei »Multimedia-Codecs Installieren« und Klicken Sie Weiter:

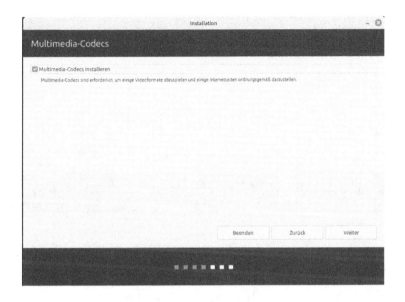

Wählen Sie die Installationsart aus. Ich wähle »Festplatte löschen und Linux Mint installieren«. Weil ich ja umsteigen will und alle meine Daten gesichert habe. Ich habe ein Windows Vollbackup und kann es im Fehlerfall zurücklegen. Alle Dokumente und Fotos habe ich nochmal extra auf eine mobile Festplatte gesichert. Bei mir kann nichts schief gehen. Wenn es bei Ihnen auch so ist, oder Sie eine extra Festplatte für Ihr Linux Mint haben, dann wählen Sie diese hier aus und klicken ebenfalls »Festplatte löschen ...« an. Klicken Sie Weiter:

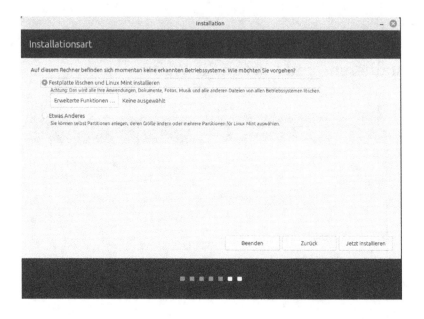

Es erscheint ein Warnfenster, welches Sie bitte lesen. Es informiert, dass die gewählten Änderungen auf die Festplatte geschrieben werden. Wenn Sie einverstanden sind, klicken Sie Weiter:

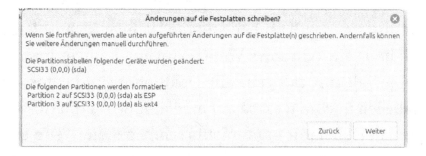

Wählen Sie Ihren Standort in »Wo befinden Sie sich?«

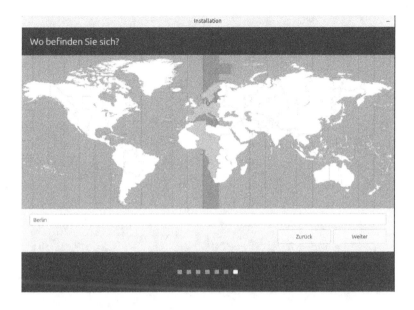

Füllen Sie das Formular »Wer sind Sie?« aus. Tragen Sie Ihren Namen ein und benennen Sie den Rechner (z.B. Linux-Mint-PC). Vergeben Sie Ihren Benutzernamen und ein sicheres Passwort. Ich empfehle »Passwort zum Anmelden abfragen« aktiviert zu lassen.

Sie können »Meinen persönlichen Ordner verschlüsseln« aktivieren, wenn Sie möchten. Ich empfehle, das aber erst später zu aktivieren. Klicken Sie dann Weiter:

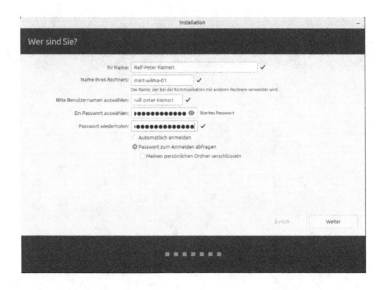

Die Installation wird nun durchgeführt und Sie können sich die kleine Slideshow ansehen. Hier erhalten Sie Informationen, was Linux Mint Ihnen bieten kann:

Nach der Installation meldet Linux Mint den Erfolg und bietet Ihnen den Neustart an, Klicken Sie »Jetzt neu starten« und folgen Sie dann der Anweisung auf dem Bildschirm, das Installationsmedium zu entfernen und Enter zu drücken:

Nachdem Sie den Stick entfern haben und Enter gedrückt haben, startet das System neu und der Anmelde-Bildschirm erscheint. Geben Sie Ihr soeben vergebenes Passwort ein und drücken Sie Enter:

Linux Mint startet nun und zeigt nach kurzer Zeit
seinen Willkommensbildschirm:

Lesen Sie den Willkommensdialog erst mal in Ruhe
durch, es steht genau da, was Sie als Erstes tun sollten
und Sie erhalten eine erste Einführung.

Klicken Sie durch die Navigation und beginnen Sie mit
»Erste Schritte«. Der Dialog ist wirklich selbsterklä-
rend und ich denke, es bedarf hier keine große Erklä-
rung von mir.

22.2 Eigene Notizen

Eigene Notizen

23. Willkommen nach der Installation

Solange im Willkommensdialog unten der Haken
»Diesen Dialog beim Sytemstart anzeigen« gesetzt ist,
kommt der Bildschirm bei jedem Start. Belassen Sie
die Einstellung vorerst so bei, denn so haben Sie die
wichtigsten Infos immer im Blick. Später, wenn Linux
Mint in Fleisch und Blut übergegangen ist, können Sie
das abschalten.

23.1 Erste Aufgabe Updates

Scrollen Sie im Willkommensdialog unter »Erste
Schritte« als Erstes zu »Aktualisierungsverwaltung«
und Klicken Sie den grünen Button »Starten«.

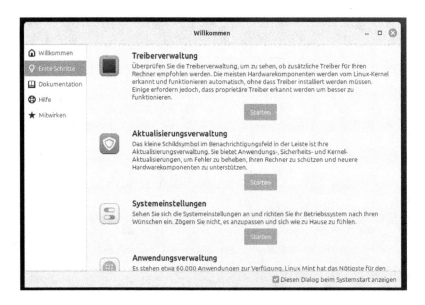

Es öffnet sich die »Aktualisierungsverwaltung« und im Fenster ist genau zu lesen, was diese Verwaltung tut. Lesen Sie wirklich jeden Dialog durch. Dann sind Sie meinem Buch immer schon einen Schritt voraus. Klicken Sie »Bestätigen«:

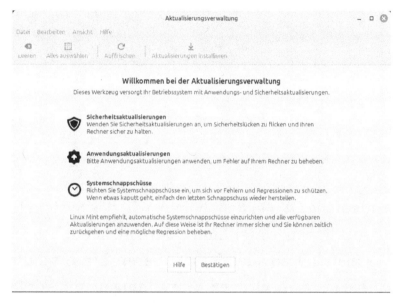

Nach einer Neuinstallation wird die Anwendungsverwaltung eine Fülle an Updates finden. Klicken Sie oben den Button »Aktualisierungen installieren«.

Den blauen Banner »Wollen Sie zu einem lokalen Spiegelserver wechseln?« können Sie erst mal einfach ignorieren. Es öffnet sich ein Fenster und informiert über bevorstehende Änderungen. Klicken Sie OK:

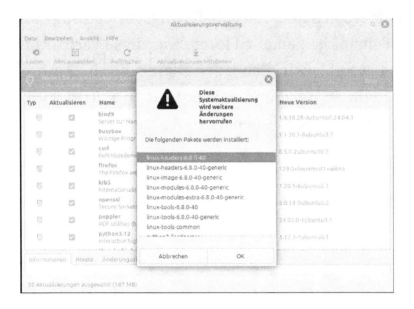

Nachdem Sie OK geklickt haben, will das System Ihr Passwort haben. Unter Linux kann nicht einfach jeder etwas installieren oder deinstallieren. Linux schützt wichtige Dateien, Ordner, Einstellungen und Vorgänge konsequent mit Passwort des Systemverwalters, dem Administrator.

Das ist ein Teil des Sicherheitskonzeptes. Geben Sie ihr Passwort ein und Linux beginnt mit der Installation der Updates:

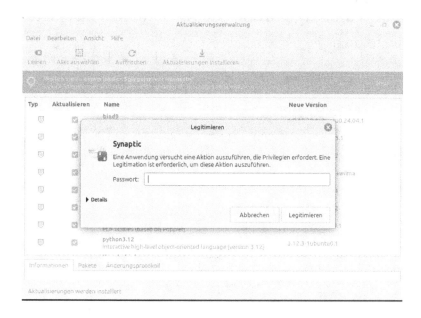

Nach der Passworteingabe werden die Pakete heruntergeladen:

Es kann eine Weile dauern bis alle Pakete heruntergeladen und installiert wurden. Lassen Sie das System
in Ruhe die Updates Installieren. Bei großen Updates
nach einer Neuinstallation werden Sie nach den

Updates oft aufgefordert, das System neu zu starten.
Tun sie das:

Schließen Sie zum Neustarten die Aktualisierungsverwaltung durch klick auf das x oben rechts im Fenster.

Gehen Sie in der Leiste (unter Windows Taskleiste) auf
den Startbutton und dann auf den Roten Powerbutton
»Beenden« . Es öffnet sich das Fenster »Sitzung«, klicken Sie auf »Neustarten«:

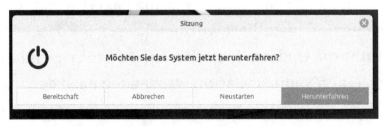

23.2 Zweite Aufgabe Systemschnappschüsse

So, liebe Leserinnen und liebe Leser, wir haben nun gemeinsam Linux Mint erfolgreich installiert und die Aktualisierungsverwaltung verwendet, um die neuesten Linux-Updates einzuspielen. Damit sind die ersten Schritte gemacht und Ihr System ist auf dem neuesten Stand. Nun kommen wir zu einer der wahrscheinlich wichtigsten Einstellungen in Linux Mint: den Systemschnappschüssen.

Bevor wir jedoch in die Details gehen und die Einrichtung Schritt für Schritt durchlaufen, möchte ich Ihnen erst einmal erklären, warum diese Funktion so wichtig ist, weshalb sie Ihnen im Alltag wertvolle Dienste leisten wird und wie sie Ihnen dabei helfen kann, größere Probleme zu vermeiden, bevor sie überhaupt entstehen.

Ein Systemschnappschuss ist, vereinfacht gesagt, eine Art Abbild des aktuellen Zustands Ihres Systems. Stellen Sie sich vor, Sie haben Linux Mint gerade installiert, alle Programme eingerichtet und vielleicht sogar schon begonnen, einige Dokumente zu bearbeiten oder Dateien zu sortieren. Alles läuft reibungslos, doch was passiert, wenn ein größeres Update schiefgeht, ein Programm plötzlich das System destabilisiert oder Sie versehentlich eine kritische Systemdatei löschen? In solchen Momenten kann es schnell frustrierend werden, und oft wäre eine Neuinstallation die letzte, aber leider notwendige Option – es sei denn, Sie haben vorgesorgt.

Hier kommen die Systemschnappschüsse ins Spiel. Mit einem Schnappschuss können Sie Ihr System jederzeit auf einen früheren, funktionsfähigen Zustand zurücksetzen. Das bedeutet, dass Sie auch nach schwerwiegenden Fehlern nicht von vorn beginnen müssen. Der Schnappschuss friert Ihren Computer sozusagen in einem perfekten Zustand ein, und wenn etwas schiefläuft, können Sie problemlos dorthin zurückkehren. Das Besondere daran ist, dass dabei keine persönlichen Dateien wie Fotos, Dokumente oder Videos verloren gehen. Sie schützen also das System, ohne Ihre Daten zu gefährden.

Die Idee hinter den Systemschnappschüssen ist nicht neu, doch in Linux Mint ist sie besonders benutzerfreundlich integriert. Das Tool, das Sie dafür nutzen, nennt sich »Timeshift«. Es arbeitet zuverlässig im Hintergrund und erlaubt Ihnen, automatisierte Schnappschüsse in regelmäßigen Abständen zu erstellen, sei es täglich, wöchentlich oder monatlich, ganz nach Ihren Bedürfnissen.

In einer Welt, in der viele von uns täglich auf Computer und digitale Systeme angewiesen sind, ist es beruhigend zu wissen, dass man einen Notfallplan hat. Die Schnappschüsse bieten diese Art von Sicherheit. Sie machen Linux Mint nicht nur stabiler und robuster, sondern geben Ihnen auch die Freiheit, zu experimentieren, neue Programme auszuprobieren oder Systemanpassungen vorzunehmen, ohne die Angst, dass eine Fehlentscheidung das gesamte System ruiniert.

Wir werden uns jetzt gemeinsam ansehen, wie Sie Timeshift einrichten, welche Optionen es gibt und wie Sie am besten dafür sorgen, dass Ihr System stets sicher und funktionsfähig bleibt. Egal, ob Sie ein erfahrener Nutzer oder ein Anfänger sind, die Systemschnappschüsse sind ein unverzichtbares Werkzeug, das Ihnen viele Sorgen ersparen wird. Bereiten Sie sich darauf vor, diese wichtige Funktion zu aktivieren, und machen Sie Ihr Linux Mint System noch widerstandsfähiger und sicherer.

23.2.1 Timeshift Schnappschüsse einrichten

Entweder Sie gehen in den Willkommensbildschirm
→ Erste Schritte → Systemschnappschüsse und klicken
den grünen Button Starten, oder Sie gehen auf den
Startbutton → Systemverwaltung → Timeshift, oder
Sie klicken den Startbutton und geben time ein. Alle 3
Optionen führen Sie zum Programm »Timeshift«:

Starten Sie Timeshift. Da Timeshift tief ins System
eingreift, erfordert es immer eine Anmeldung vom
Systemverwalter. Geben Sie Ihr Passwort ein:

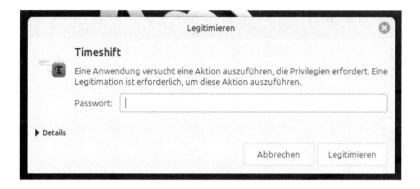

Nach der Passworteingabe öffnet sich der Timeshift-
Einrichtungsassistent. Öffnen sie mit Klick auf den
kleinen Pfeil die Hilfe. Dort steht beschrieben, was
rsync Schnappschüsse sind. Lesen Sie sich das durch.
Klicken Sie dann Weiter:

Nun prüft das System die zu erwartende Schnapp-
schussgröße:

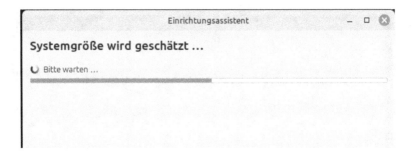

Danach fragt der Dialog nach dem Speicherort. Es muss ein Linux-Dateisystem sein, um die Schnappschüsse zu speichern. Diese Schnappschüsse sind exakte Kopien des Dateisystems und erfassen den Zustand Ihres Systems zu einem bestimmten Zeitpunkt. Damit Timeshift ordnungsgemäß funktioniert und all seine Funktionen nutzen kann, müssen die Schnappschüsse einfach auf einem Linux-kompatiblen Dateisystem abgelegt werden. Das liegt an den speziellen Anforderungen, die bei der Verwaltung von Dateirechten und Besitzrechten bestehen.

Dateisysteme wie NTFS oder FAT, die hauptsächlich von Windows verwendet werden, sind für Linux nicht vollständig kompatibel, wenn es um das Speichern komplexer Informationen geht, wie sie auf einem Linux-System benötigt werden. Diese Dateisysteme unterstützen zwar grundlegende Funktionen wie das Speichern von Dateien und Ordnern, können jedoch

keine erweiterten Dateiberechtigungen und Besitzrechte speichern, die für Linux essentiell sind.

Ein zentraler Aspekt in Linux ist das Rechte- und
Besitzsystem, das sicherstellt, dass bestimmte Dateien
nur von bestimmten Benutzern oder Systemdiensten
geändert werden können. Jede Datei und jeder Ordner
auf einem Linux-System hat zugewiesene Besitzer-
und Gruppenrechte sowie detaillierte Berechtigungen
für Lesen, Schreiben und Ausführen. Diese Rechte
sind nicht nur für die Sicherheit, sondern auch für die
korrekte Funktionsweise vieler Programme und
Systemprozesse entscheidend.

Timeshift legt daher großen Wert darauf, dass die
Schnappschüsse diese Rechte exakt so speichern, wie
sie im Quellsystem vorhanden sind. Wenn Timeshift
die Schnappschüsse auf einem Dateisystem wie ext4,
welches die gleichen Rechte und Eigentümerstruk-
turen unterstützt, speichert, kann es diese Informationen genau wiederherstellen. Dies ist entscheidend,
um sicherzustellen, dass nach einer Wiederherstel-
lung das System genauso funktioniert wie zuvor.

Dateisysteme wie NTFS und FAT unterstützen diese
Linux-spezifischen Berechtigungen nicht. Sie speichern lediglich rudimentäre Informationen über

Dateien und sind nicht in der Lage, die komplexen Berechtigungsstrukturen zu verwalten. Würden Sie also versuchen, Timeshift-Schnappschüsse auf ein NTFS- oder FAT-Dateisystem zu speichern, könnten diese wichtigen Berechtigungsinformationen verloren gehen. Das könnte im Ernstfall dazu führen, dass das wiederhergestellte System nicht ordnungsgemäß funktioniert oder sogar Sicherheitsprobleme auftreten.

Daher muss Timeshift seine Schnappschüsse auf einem Dateisystem ablegen, das die gleichen Funktionen wie das Quell-Dateisystem unterstützt. In den meisten Fällen wird das das gleiche Dateisystem sein, auf dem Linux installiert ist – beispielsweise ext4.

Im Dialog »Schnappschussort auswählen«, wählen sie einen kompatiblen Speicher und Klicken Weiter (sie können auch gar keinen nicht kompatiblen Speicher wählen):

Im Fenster »Schnappschussebenen auswählen« können Sie einen Zeit- und Aufbewahrungsplan erstellen. Belassen Sie zunächst alles so bei. Sie können es jederzeit anpassen. Ausgewählt sind täglich Schnappschüsse erstellen und 5 davon Aufheben. Es werden also 5 Tage rückwirkend Schnappschüsse vorgehalten. Für eine erste Sicherung ist das gut.

Belassen Sie im Fenster »Persönliche Ordner der Benutzer« die Einstellungen so bei. »Alle Dateien ausschließen«. Die Schnappschüsse sind für das System bestimmt. Persönliche Daten und Ordner sichern wir später mit dem Datensicherungswerkzeug. Denn

wenn Sie einen Schnappschuss wegen eines Fehlers im
System zurücklegen wollen, dann sollen die persönlichen Dokumente nicht geändert werden. Das ist
wichtig! Klicken Sie Weiter:

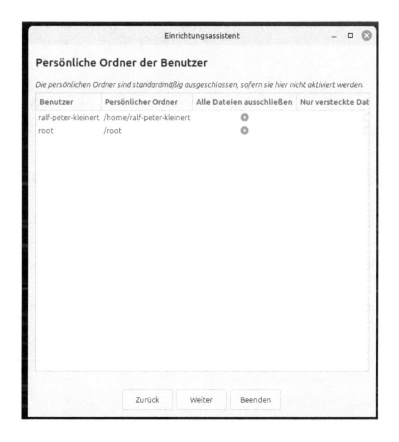

Nun sehen Sie »Einrichtung Vollständig«. Lesen Sie
nochmal alles durch und klicken Sie dann Beenden:

Nun sehen Sie wieder das Fenster von Timeshift. Klicken Sie oben links auf »Erstellen«:

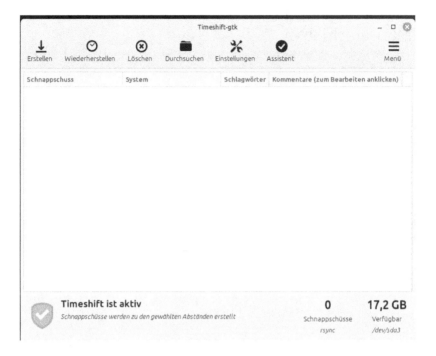

Timeshift erstellt den ersten Schnappschuss und kopiert jede Systemdatei. Das dauert eine Weile, bis alle Dateien kopiert sind. Optimal währe hier eine eigene Festplatte nur für die Schnappschüsse. Wenn Sie eine externe Festplatte haben und täglich ihre Schnappschüsse darauf sicher, kann fast gar nichts mehr schief gehen. Egal was sie machen. Sie können zurückgehen. Behalten Sie den Installationsstick von Linux Mint, den können wir jetzt nämlich umgehend als Rettungsstick verwenden. Auf der Live-Umgebung ist Timeshift enthalten und sie können im Fehlerfall das System zurücksetzen oder auf eine andere Festplatte verschieben:

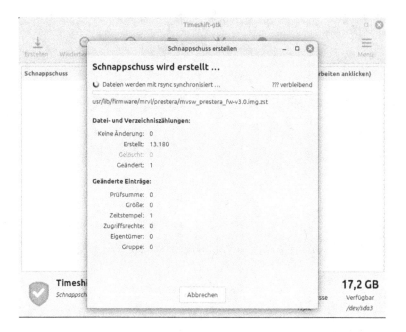

Wenn Timeshift fertig ist, könne sie das Tool schließen. Das System ist gesichert und wir können fort-
fahren:

23.2.2 Zusammenfassung Schnappschüsse

Nun noch einmal zusammenfassend. Mir ist es extrem
wichtig, dass Sie von Anfang an die Systemschnappschüsse und später auch die regelmäßigen Backups
immer auf dem Schirm haben. Es ist alles schnell und
simpel eingerichtet – und, ganz ehrlich, wenn Ihr
Computer einmal abstürzt, die Festplatte den Geist
aufgibt oder ein unvorhergesehener Fehler auftritt …
Glauben Sie mir, dann werden Sie mehr als dankbar
sein, wenn Sie zuvor Systemschnappschüsse erstellt
haben.

Linux ist zweifellos robuster und sicherer als Windows, keine Frage. Das Betriebssystem bietet eine stabile Grundlage, die weitgehend immun gegen viele der Probleme ist, mit denen Windows-Nutzer zu kämpfen haben. Aber vergessen wir nicht: Auch Linux wird von Menschen programmiert und nicht von Göttern. Fehler passieren, Software kann abstürzen, und Updates können manchmal unerwartete Probleme verursachen. Genau hier kommen die Systemschnappschüsse ins Spiel – sie sind Ihr Sicherheitsnetz.

Schnappschüsse sind, einfach ausgedrückt, exakte Abbilder Ihres Systems zu einem bestimmten Zeitpunkt. Sie erfassen den aktuellen Zustand des Betriebssystems und speichern ihn als Referenz. Das bedeutet, wenn nach einem Update, einer neuen Softwareinstallation oder einer Systemänderung etwas schiefgeht, können Sie mit einem einzigen Klick alles wieder in den vorherigen Zustand zurückversetzen – ohne dass Ihre persönlichen Dateien betroffen sind.

Warum sind Systemschnappschüsse so wichtig? Weil sie Ihnen die Möglichkeit geben, sich ohne Angst auszuprobieren. Möchten Sie neue Software testen oder tiefere Änderungen am System vornehmen? Kein Problem! Wenn etwas nicht wie geplant funktioniert, können Sie immer wieder zum letzten Schnappschuss zurückkehren, als wäre nichts passiert.

Und das Beste daran: Schnappschüsse sind schnell eingerichtet und können automatisiert erstellt werden. Tools wie Timeshift übernehmen diese Aufgabe und machen es Ihnen besonders leicht, regelmäßige Schnappschüsse anzulegen. Ob täglich, wöchentlich oder bei jedem größeren Update – Sie entscheiden, wann und wie oft die Schnappschüsse erstellt werden. Das gibt Ihnen die Freiheit, sich um Ihre eigentliche Arbeit zu kümmern, ohne ständig über potenzielle Systemprobleme nachzudenken.

Die Schnappschüsse werden auf einem Linux-kompatiblen Dateisystem gespeichert, beispielsweise ext4. Dies ist wichtig, weil nur diese Dateisysteme die komplexen Dateiberechtigungen und Besitzrechte korrekt speichern können, die für das reibungslose Funktionieren von Linux unerlässlich sind. Verwenden Sie daher unbedingt ein geeignetes Speichermedium, das diese Anforderungen erfüllt.

Ehrlich – machen Sie Schnappschüsse! Sie sind Ihr bester Schutz vor unerwarteten Katastrophen und geben Ihnen die Sicherheit, die Sie brauchen, um Linux Mint in vollen Zügen genießen zu können. Es ist ein kleiner Aufwand mit enormem Nutzen, der Sie vor stundenlanger Fehlersuche und Frustration bewahren kann.

23.2.2.1 Eigene Notizen

Eigene Notizen

23.3 Dritte Aufgabe Treiberverwaltung

Nun, liebe Leserinnen und liebe Leser, nachdem wir Linux Mint installiert und die ersten Schritte gemacht haben, begrüßt uns mal wieder der Willkommensbildschirm. Dieser Bildschirm bietet einige entscheidende Funktionen, die Ihnen den Einstieg erleichtern und sicherstellen, dass Ihr System reibungslos läuft. Einer der besonders wichtigen Punkte, den ich Ihnen ans Herz legen möchte, ist die »Treiberverwaltung«.

Sie fragen sich vielleicht, warum dieser Punkt so wichtig ist. Nun, stellen Sie sich vor, Sie haben eine leistungsstarke Hardware – zum Beispiel eine Nvidia GeForce GTX 1050 Ti Grafikkarte. Diese Karte wurde entwickelt, um Ihnen eine herausragende Grafikleistung zu bieten, sei es beim Spielen, bei der Videobearbeitung oder einfach bei der allgemeinen Nutzung des Desktops. Doch all diese Leistung ist nur so gut wie die Software, die sie steuert. Genau hier kommen die Treiber ins Spiel.

Treiber sind kleine Softwareprogramme, die die Kommunikation zwischen dem Betriebssystem und der Hardware ermöglichen. Ohne die richtigen Treiber kann Ihre Hardware – sei es die Grafikkarte, das WLAN-Modul oder andere Komponenten – nicht ihr volles Potenzial entfalten. Das bedeutet: Wenn Sie die richtigen Treiber nicht installiert haben, könnte Ihre GeForce GTX 1050 Ti unter Umständen nur als einfache Grafikkarte erkannt werden, was dazu führt, dass Sie eine weitaus schlechtere Leistung erhalten, als die Karte eigentlich zu bieten hat. Die schönen Animationen von Linux Mint laufen dann vielleicht nicht flüssig, und Anwendungen wie Spiele oder Grafikprogramme könnten Probleme bereiten.

Und hier wird die Treiberverwaltung von Linux Mint unverzichtbar. Der Willkommensbildschirm bietet Ihnen direkten Zugang zur Treiberverwaltung, sodass Sie von Anfang an sicherstellen können, dass Ihre Hardware optimal funktioniert. Die Treiberverwaltung scannt Ihr System automatisch nach Hardware, für die proprietäre Treiber – das sind speziell für Ihre Hardware entwickelte Treiber – verfügbar sind. Gerade bei Nvidia-Grafikkarten, wie unserer GeForce GTX 1050 Ti, ist dies entscheidend.

Nvidia bietet nämlich sowohl freie Treiber als auch proprietäre Treiber an. Die freien Treiber, die mit Linux Mint von Haus aus kommen, sind für viele Nutzer ausreichend, aber sie schöpfen die volle Leistung Ihrer Grafikkarte nicht aus. Die proprietären Treiber, die direkt von Nvidia kommen, hingegen sind

optimiert, um die bestmögliche Grafikleistung zu
gewährleisten. Sie bieten bessere Unterstützung für
3D-Grafiken, Spiele und anspruchsvolle Anwendungen. Und genau diese Treiber können Sie ganz einfach über die Treiberverwaltung installieren.

Doch wie geht das nun? Ganz einfach: Öffnen Sie die
Treiberverwaltung, und lassen Sie sie Ihr System
durchsuchen. Wenn Sie eine Nvidia-Karte wie die
GeForce GTX 1050 Ti haben, wird Ihnen hier direkt der
passende proprietäre Treiber von Nvidia angezeigt.
Ein einfacher Klick auf »Installieren« genügt, und
Linux Mint kümmert sich um den Rest. Nach einem
Neustart können Sie sicher sein, dass Ihre Grafikkarte
mit maximaler Leistung arbeitet.

Warum ist das alles so wichtig? Weil die richtige Trei-
berkonfiguration dafür sorgt, dass Sie die besten
Ergebnisse aus Ihrem System herausholen. Ihre Hard-
ware wird stabiler laufen, und Sie werden weniger
Probleme mit Abstürzen oder Leistungsengpässen
haben. Die Grafikkarte ist ein gutes Beispiel, aber das
Gleiche gilt auch für andere Komponenten wie
WLAN-Adapter, Soundkarten oder Drucker. Die Trei-
berverwaltung sorgt dafür, dass Ihre Hardware von
Anfang an so funktioniert, wie sie sollte.

Klicken Sie den grünen Button unter »Treiberverwaltung«:

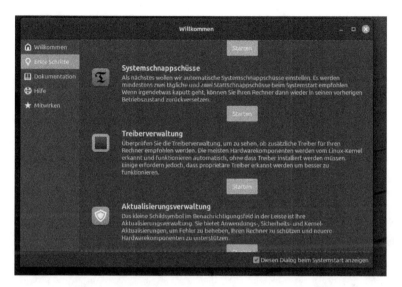

Die Treiberverwaltung sucht nun nach Treibern:

Wenn, wie in meinem Falle keine Treiber benötigt werden, erhalten Sie folgende Ausgabe:

23.4 Vierte Aufgabe

Nach der Treiberverwaltung. Wenn Ihr Linux Mint Treiber gefunden und installiert hat. Dann machen Sie bitte einen neuen Timeshift Snapshot. Gehen Sie zum Startmenü, geben Sie time ein und Klicken dann auf Timeshift. Melden Sie sich mit ihrem Passwort an und klicken Sie dann in Timeshift »Eretellen«. Dann kanns weiter gehen.

23.5 Fünfte Aufgabe Anwendungsverwaltung

So, jetzt aber mal ran an die Buletten! Sie wollen doch sicher mal nachschauen, was Linux Mint alles an Software zu bieten hat, oder? Ich meine, Sie sind doch nicht auf Linux Mint umgestiegen, um dann mit einem leeren Desktop dazustehen. Nein, Linux Mint bringt in seiner Grundausstattung schon alles mit, was Sie im Alltag am PC benötigen. Und ich kann Ihnen sagen: Da sind einige echte Schätze dabei!

Zuerst einmal das Office-Paket. Linux Mint liefert Ihnen direkt nach der Installation LibreOffice mit – ein komplettes Büropaket, das in vielen Belangen mit Microsoft Office mithalten kann und dabei noch kostenlos ist. Ob Sie Texte schreiben, Tabellenkalkulationen erstellen oder Präsentationen vorbereiten – LibreOffice deckt all diese Bereiche ab. Und das Beste daran: Es ist auch kompatibel zu Microsoft Office. Sie können also Ihre bestehenden Word-, Excel- oder PowerPoint-Dateien problemlos weiterverwenden oder mit Ihren Kolleginnen und Kollegen teilen, die noch Microsoft Office nutzen. Es ist wirklich ein vollwertiger Ersatz, und ich wage zu behaupten, dass Sie nichts vermissen werden.

Aber das ist natürlich längst nicht alles. Was wäre ein modernes Betriebssystem ohne Programme zur Bildbearbeitung? Linux Mint hat auch hier eine Lösung parat. Mit Programmen wie GIMP (der GNU Image Manipulation Program) haben Sie ein mächtiges

Werkzeug zur Hand, das es mit den teuren Alternativen auf dem Markt aufnehmen kann. Egal, ob Sie einfache Fotokorrekturen vornehmen oder komplexe Grafiken erstellen wollen – GIMP ist ein Allrounder und bietet unzählige Funktionen für jeden Bedarf. Und das alles ohne, dass Sie sich um teure Lizenzen kümmern müssen. Überlegen Sie mal, was man für Photoshop an Taler auf den Tisch legen muss! GIMP kann auch fast alles, was Photoshop kann. Man muss sich hier und da umgewöhnen. Aber es ist kostenlos. Da nimmt man das doch gerne in Kauf.

Auch für Ihre multimedialen Bedürfnisse ist gesorgt. Linux Mint bringt von Haus aus alles mit, was Sie zum Abspielen Ihrer Lieblingsvideos oder Musiktitel brauchen. Der VLC Media Player ist ein fantastisches Tool, das praktisch jedes Format abspielt, das Sie ihm vorsetzen. Egal, ob es sich um eine alte AVI-Datei handelt, die Sie seit Jahren auf der Festplatte haben, oder um das neueste HD-Video – VLC nimmt es mit allem auf. Dazu gibt es den Rhythmbox Musikplayer, der Ihre Musiksammlung verwaltet und abspielt, als wäre es das Selbstverständlichste der Welt. Rhythmbox ist vorinstalliert, aber ich zeige später noch eine Alternative, die meiner Meinung nach besser ist. Auch für lau.

Und für alle, die ein bisschen mehr als nur Musik hören oder Filme schauen wollen, hat Linux Mint auch Programme für die Videobearbeitung im Repertoire. Tools wie Kdenlive machen es einfach, eigene Videos zu schneiden, Effekte hinzuzufügen oder Clips zu erstellen. Sie müssen also nicht gleich ein Profi sein, um großartige Ergebnisse zu erzielen. Linux Mint bietet Ihnen hier eine Palette an Möglichkeiten, sich kreativ auszuleben. Bei der Videobearbeitung sind allerdings einige Besonderheiten zu beachten. Dazu später mehr.

Natürlich gibt es auch Programme für die alltägliche Kommunikation. Der Thunderbird-E-Mail-Client ist vorinstalliert und hilft Ihnen dabei, Ihre E-Mails im Griff zu behalten. Ganz egal, ob Sie nur ein privates E-Mail-Konto haben, oder beruflich mit mehreren Postfächern jonglieren – Thunderbird macht das alles mühelos. Es unterstützt alle gängigen E-Mail-Protokolle und ist dabei auch noch übersichtlich und leicht zu bedienen.

Und wenn Sie im Internet surfen wollen, ist Firefox Ihr treuer Begleiter. Auch dieser Browser ist vorinstalliert und bietet eine hervorragende Kombination aus Geschwindigkeit, Sicherheit und Anpassbarkeit. Für den Alltag reicht das völlig aus, aber natürlich können

Sie auch jederzeit einen anderen Browser wie Chrome oder Opera installieren – die Auswahl liegt ganz bei Ihnen.

Zusammenfassend lässt sich sagen: Linux Mint ist kein leeres Betriebssystem, das Sie erst mit Software füllen müssen. Ganz im Gegenteil! Es kommt bereits ab Werk mit einer gut durchdachten Grundausstattung, die für die meisten Alltagsaufgaben mehr als ausreicht. Sie können sofort loslegen, ohne sich lange mit Installationen und Konfigurationen aufhalten zu müssen. Und sollten Sie einmal spezielle Software benötigen, ist der Software-Manager, die Anwendungsverwaltung von Linux Mint Ihr nächster Anlaufpunkt. Dort finden Sie eine riesige Auswahl an zusätzlichen Programmen, die Sie mit nur wenigen Klicks installieren können.

Egal, ob Sie arbeiten, kreativ sein oder einfach nur entspannen wollen – Linux Mint bietet Ihnen alles, was Sie brauchen, direkt nach der Installation.

Öffnen Sie die Anwendungsverwaltung entweder über das Startmenü oder den Willkommensdialog:

Sie sehen hier die wunderbar aufgeräumte Anwendungsverwaltung von Linux Mint. Keine Werbung,
keine störenden Bezahloptionen – ist das nicht einfach klasse? Alles ist schön sortiert und übersichtlich,
so wie man es sich wünscht. Es gibt keine versteckten
Kosten, keine Lockangebote, die nach der Installation
plötzlich zur Kasse bitten. Hier können Sie sich voll
und ganz auf das konzentrieren, was wirklich zählt:
die Software.

Die Anwendungsverwaltung, auch bekannt als Software-Manager, ist das zentrale Herzstück für all Ihre
Software-Bedürfnisse. Von hier aus haben Sie Zugriff
auf eine riesige Auswahl an Programmen, die Sie ein-

fach und unkompliziert installieren können. Alles ist in klare Kategorien unterteilt, sodass Sie sich mühelos zurechtfinden und schnell das finden, wonach Sie suchen. Es gibt keine unübersichtlichen Menüstrukturen oder verwirrenden Optionen – die Anwendung ist so gestaltet, dass selbst Einsteiger sofort damit klarkommen.

Die Kategorien sind sinnvoll angelegt und decken wirklich alle Bereiche ab, die man im Alltag am Computer benötigt. In der Kategorie »Internet« finden Sie beispielsweise Browser wie Firefox und Chrome, aber auch E-Mail-Programme wie Thunderbird oder Messaging-Tools wie Telegram. In der Kategorie »Büroprogramme« gibt es Programme wie LibreOffice, mit dem Sie Ihre Textdokumente, Tabellen oder Präsentationen erstellen können. Alles, was Sie brauchen, um produktiv zu sein, ist hier nur einen Klick entfernt.

Wenn Sie sich für Multimedia interessieren, können Sie in der Kategorie »Film und Klang« stöbern. Hier finden Sie den VLC Media Player für Videos oder andere Musikplayer für Ihre Musiksammlung. Aber auch Programme für die Bildbearbeitung, wie GIMP, oder Tools zur Videobearbeitung, wie Kdenlive, sind hier vertreten.

Die Kategorie »Grafik und Bildbearbeitung« bietet
Ihnen eine Auswahl an Zeichen- und Grafikprogram-
men, die sowohl für einfache Aufgaben als auch für
professionelle Projekte geeignet sind. Für Entwickle-
rinnen und Entwickler gibt es die Kategorie
»Programmierung«, in der Sie Entwicklungsumge-
bungen, Texteditoren und andere Programmierwerk-
zeuge finden.

Im Bereich »Spiele« erwarten Sie zahlreiche Titel, von
einfachen Casual Games bis hin zu komplexeren Spielen, die für Linux optimiert sind. Wenn Sie Ihre
Systemverwaltung verbessern möchten, finden Sie in
der Kategorie »Systemwerkzeuge« hilfreiche Programme, um Ihr Linux Mint System optimal anzupassen und zu verwalten.

Alles in allem ist die Anwendungsverwaltung von
Linux Mint ein wahres Schmuckstück: aufgeräumt,
effizient und ohne störende Werbung oder Bezahloptionen. Sie können in Ruhe stöbern, die für Sie pas-
senden Programme auswählen und sofort loslegen.
Und das Beste daran: Alles ist kostenlos und mit nur
wenigen Klicks auf Ihrem System installiert. Ein
weiterer Grund, warum Linux Mint so angenehm in
der Nutzung ist.

Sie werden eine Ewigkeit brauchen, um alle Anwendungen in der Anwendungsverwaltung von Linux Mint durchzustöbern. Die schiere Menge an verfügbaren Programmen ist überwältigend, und es gibt für nahezu jedes Bedürfnis die passende Software. Doch keine Sorge, diese Vielfalt ist ein Segen! Fakt ist: Wenn Sie ein Produkt am PC erstellen müssen, sei es ein Dokument, eine Grafik, ein Video oder gar Software, brauchen Sie nicht mehr ins Internet zu gehen, um ein teures Programm zu kaufen. Auch die Zeiten, in denen Sie zum Media Markt fahren mussten, um eine Programm-Box in den Händen zu halten, sind endgültig vorbei.

Alles, was Sie benötigen, finden Sie direkt in der Anwendungsverwaltung von Linux Mint. Sie müssen sich nicht durch verwirrende Kaufoptionen quälen oder überlegen, ob die Software vielleicht nach einem Jahr Nutzung plötzlich kostenpflichtig wird. Hier sind alle Programme kostenlos und frei zugänglich. Sie können sich in aller Ruhe umsehen und genau das Programm auswählen, das Ihren Bedürfnissen entspricht – ganz ohne Druck, ohne Werbung und ohne versteckte Kosten.

Möchten Sie zum Beispiel ein professionelles Foto bearbeiten? GIMP steht bereit und bietet Ihnen alle Werkzeuge, die Sie von einem Bildbearbeitungsprogramm erwarten würden – und das kostenlos. Oder müssen Sie eine aufwendige Präsentation für die Arbeit erstellen? LibreOffice Impress gibt Ihnen alles, was Sie brauchen, um eine ansprechende und überzeugende Präsentation zu entwerfen, ohne einen Cent dafür auszugeben. Vielleicht möchten Sie sogar in die Musikproduktion einsteigen? Programme wie Audacity stehen Ihnen zur Verfügung, um Ihre kreativen Ideen umzusetzen.

Auch im Bereich der Spiele müssen Sie sich keine Sorgen machen. Viele großartige Spiele sind ebenfalls in der Anwendungsverwaltung zu finden, und das ganz ohne die Notwendigkeit, eine Kreditkarte zu zücken. Die Spiele sind einfach zugänglich, und Sie können sie direkt von Ihrem Desktop aus starten.

Das Beste daran ist, dass all diese Programme mit nur wenigen Klicks installiert werden können. Kein umständliches Herunterladen von Exe-Dateien, keine Lizenzcodes, keine komplizierten Installationsroutinen. Sie suchen sich einfach das Programm aus, das Sie interessiert, klicken auf »Installieren«, und Linux

Mint erledigt den Rest. Danach steht die Anwendung bereit, und Sie können sofort loslegen.

In der Anwendungsverwaltung von Linux Mint finden Sie also alles, was das Herz begehrt. Egal, ob Sie arbeiten, kreativ sein oder einfach nur Spaß haben wollen – die passende Software ist nur einen Klick entfernt. Und das alles, ohne die Mühe, zusätzliche Software zu kaufen oder sich um Lizenzen zu kümmern. Linux Mint gibt Ihnen die Freiheit, sich ganz auf das zu konzentrieren, was wirklich zählt: Ihr Projekt, Ihre Kreativität und Ihre Produktivität.

23.5.0.1 WINE Wine Is Not an Emulator

Nun gut, es kann natürlich vorkommen, dass Sie sich trotz aller tollen Linux-Programme plötzlich denken: »Ach, dieses eine Windows-Tool habe ich doch immer so gerne benutzt! Kann ich das nicht irgendwie auch unter Linux Mint zum Laufen bringen?« Und da kommt WINE ins Spiel. Der Name steht für »Wine Is Not an Emulator« – klingt verwirrend, oder? Aber keine Sorge, ich erkläre Ihnen das ganz einfach.

WINE ist eine Art Brücke zwischen der Welt von Windows und Linux. Es erlaubt Ihnen, viele Windows-Programme auf Linux zu installieren und auszuführen, ohne dass Sie Windows selbst auf Ihrem Rechner haben müssen. Das bedeutet, wenn Sie sich einfach nicht von einem bestimmten Windows-Programm trennen können, gibt Ihnen WINE die Möglichkeit, es auch unter Linux zu nutzen. Das kann besonders praktisch sein, wenn Sie ein spezielles Tool oder ein Programm haben, das keine direkte Alternative unter Linux hat.

Aber, und das sage ich Ihnen ganz offen, WINE ist nicht perfekt. Es ist kein Zaubermittel, das jedes Windows-Programm automatisch zum Laufen bringt. Manche Programme funktionieren damit einwandfrei, andere hingegen gar nicht. Es kommt auf die jeweilige Software an. Gerade bei komplexeren Programmen, wie bestimmten Spielen oder hochspezialisierten Anwendungen, kann es sein, dass Sie auf Hindernisse stoßen. Aber, und das ist das Schöne an WINE, das Ausprobieren lohnt sich. Sie könnten überrascht sein, wie viele Programme damit problemlos laufen.

Wenn Sie ein Windows-Tool also wirklich dringend brauchen und keine Alternative unter Linux finden, dann ist WINE Ihre erste Anlaufstelle. Sie installieren es einfach über die Anwendungsverwaltung und probieren es aus. Vielleicht läuft Ihr Programm direkt, vielleicht braucht es ein bisschen Feinjustierung. Aber eins ist sicher: Der Versuch ist es wert. Schließlich geht es ja darum, Ihnen den Übergang von Windows zu Linux so angenehm wie möglich zu gestalten – und wenn WINE Ihnen dabei hilft, Ihr Lieblingsprogramm weiterhin zu nutzen, dann ist das doch schon die halbe Miete.

Denken Sie einfach daran, dass WINE nicht alles kann, aber wenn es funktioniert, kann es Ihnen das Leben unter Linux erheblich erleichtern. Also, nur Mut! Probieren Sie es aus und schauen Sie, ob Ihr Windows-Tool auch unter Linux eine gute Figur macht.

23.5.0.2 Windows auf Linux VirtualBox VMWare

OK, OK, ich gebe es zu: Es gibt manchmal einfach so Fälle, wo man an Windows auf Teufel komm raus nicht vorbeikommt. Vielleicht gibt es da diese eine Software, die absolut unersetzlich ist, oder ein Spiel, das unter WINE partout nicht laufen will. Oder Sie arbeiten in einem Beruf, wo bestimmte Windows-Programme unerlässlich sind und es schlichtweg keine vernünftigen Alternativen gibt. Keine Sorge – auch für solche Situationen hat Linux Mint eine Lösung parat, die Sie nicht im Regen stehen lässt: Virtualisierung.

Linux Mint bietet Ihnen die Möglichkeit, sogenannte Virtualisierungslösungen wie VirtualBox und VMWare kostenlos zu nutzen. Doch was bedeutet das genau? Nun, Virtualisierung ist eine Technik, bei der Sie praktisch einen zweiten Computer innerhalb Ihres eigentlichen Computers erstellen. Stellen Sie sich das so vor, als ob Sie ein Windows-PC in einem Fenster auf Ihrem Linux-Desktop laufen lassen. Alles, was Sie von Windows gewohnt sind, läuft dann in dieser virtuellen Maschine – komplett abgeschottet von Ihrem eigentlichen Linux-System. Es ist fast so, als hätten Sie zwei Computer in einem.

Die bekanntesten Virtualisierungslösungen, die Ihnen Linux Mint anbietet, sind VirtualBox und VMWare. Beide Programme sind benutzerfreundlich und relativ einfach zu installieren und einzurichten. Wenn Sie sich für VirtualBox entscheiden, können Sie es direkt über die Anwendungsverwaltung von Linux Mint installieren. Bei VMWare müssen Sie sich die Software von der offiziellen Webseite herunterladen, aber auch das ist kein Hexenwerk.

Sobald die Software installiert ist, können Sie eine sogenannte virtuelle Maschine einrichten. Dafür benötigen Sie eine Installationsdatei von Windows, also beispielsweise eine ISO-Datei. Mit dieser Datei

»installieren« Sie dann Windows innerhalb Ihrer virtuellen Maschine, als würden Sie es auf einem echten Computer installieren. Der Installationsprozess verläuft genauso wie bei einem normalen Windows-Computer, nur dass alles in diesem Fenster, der virtuellen Umgebung, stattfindet.

Und nun der Clou: Sie können Windows und alle Ihre gewohnten Programme innerhalb dieser virtuellen Maschine verwenden, ohne Linux jemals verlassen zu müssen. Wenn Sie ein leistungsstarkes Programm haben, das nicht unter WINE läuft, oder bestimmte Windows-spezifische Software, die Sie beruflich benötigen – alles kein Problem. Sie öffnen einfach Ihre virtuelle Maschine, starten Windows darin, und schon geht's los.

Natürlich gibt es ein paar Dinge zu beachten. Ihr Rechner sollte genug Leistung haben, denn schließlich läuft Windows parallel zu Ihrem Linux-System. Sie brauchen also genügend RAM und Rechenpower, um beide Betriebssysteme gleichzeitig betreiben zu können. Wenn Sie nur ein bisschen Office-Arbeit unter Windows machen wollen, sollte das in der Regel kein Problem sein. Wenn Sie jedoch grafikintensive Anwendungen oder Spiele ausführen wollen, dann sollten Sie sicherstellen, dass Ihr Rechner dafür gerüstet ist.

Ein weiterer Vorteil dieser Virtualisierung ist die Sicherheit. Da Windows innerhalb einer virtuellen Maschine läuft, ist es komplett von Ihrem eigentlichen Linux-System getrennt. Wenn also irgendetwas in Windows schiefgeht – sei es ein Virus oder ein Softwarefehler – bleibt Ihr Linux-System davon unberührt. Das gibt Ihnen eine zusätzliche Sicherheitsebene und macht das Arbeiten mit Windows in einer virtuellen Maschine noch attraktiver.

Es gibt auch die Möglichkeit, Snapshots Ihrer virtuellen Maschine zu machen, ähnlich wie die Systemschnappschüsse, die Sie mit Timeshift auf Linux erstellen können. Das bedeutet, dass Sie jederzeit einen bestimmten Zustand Ihrer virtuellen Windows-Umgebung speichern und bei Bedarf wiederherstellen können. Wenn also etwas schiefgeht oder Sie etwas ausprobieren möchten, können Sie immer wieder zu einem früheren, funktionierenden Zustand zurückkehren.

Zusammenfassend lässt sich sagen: Auch wenn Sie auf bestimmte Windows-Programme angewiesen sind, müssen Sie nicht auf die Vorteile von Linux Mint verzichten. Mit VirtualBox oder VMWare können Sie eine vollständige Windows-Umgebung innerhalb von Linux betreiben, ohne dass die beiden Systeme sich in die Quere kommen. So behalten Sie die volle Kontrolle über Ihr Linux-System und haben gleichzeitig die Möglichkeit, auf Windows-Software zuzugreifen – und das alles ohne Neustart, ohne Dual-Boot und ohne komplizierte Umwege. Es ist eine elegante, flexible und leistungsstarke Lösung für alle, die das Beste aus beiden Welten brauchen.

23.6 Zusammengefasst Willkommensbildschirm

Sie haben sicher schon bemerkt, dass ich mit Ihnen hier eine etwas andere Reihenfolge des Willkommens-bildschirms durchgegangen bin. Das hat ganz einfache Gründe. Zuerst einmal wollte ich sicherstellen, dass Ihr System aktuell ist. Denn was bringt es, wenn Sie mit einem frisch installierten Betriebssystem arbeiten, das noch nicht gepatcht oder geupdatet wurde? Sie wissen ja selbst: Sicherheit geht vor! Es wäre fatal, wenn wir uns in die Tiefen von Linux Mint stürzen und dabei vergessen, unser System auf den neuesten Stand zu bringen. Daher mein erster Schritt: Updates einspielen. Denn nur so ist Ihr Linux Mint auf dem neuesten Stand, geschützt und bereit für die weiteren Schritte.

Als Nächstes wollte ich, dass Timeshift – unser treuer Begleiter in Sachen Systemsicherung – seine Arbeit erledigt hat. Wenn Sie sich erinnern, haben wir einen ersten Schnappschuss gemacht, um sicherzustellen, dass all die Arbeit, die wir bis dahin geleistet haben, nicht verloren geht. Denn eines ist klar: Wir können uns immer noch so viel Mühe geben – es kann immer etwas schiefgehen. Und in solchen Fällen möchte ich, dass Sie beruhigt sind, weil Sie wissen, dass Timeshift Ihnen den Rücken freihält. Egal, ob es um ein missglücktes Update oder ein Software-Problem geht – mit Timeshift sind Sie immer auf der sicheren Seite. Daher: Schnappschuss erstellen, bevor wir uns tiefer in die Materie wagen.

Dann haben wir uns die Treiberverwaltung vorgenommen. Warum? Nun, Treiber sind das A und O, wenn es um die optimale Nutzung Ihrer Hardware geht. Wenn Ihre Grafikkarte, Ihr Netzwerkadapter oder andere Komponenten nicht ordnungsgemäß funktionieren, wird die ganze Erfahrung mit Linux Mint getrübt. Daher war es mir wichtig, dass wir gemeinsam sicherstellen, dass alles optimal eingerichtet ist. Und ja, auch hier haben wir wieder einen Schnappschuss mit Timeshift gemacht. Denn, wie ich immer sage: Vorsicht ist besser als Nachsicht.

Nachdem wir all das erledigt hatten, wollte ich Ihnen etwas Spaß bringen. Jetzt, da Ihr System up-to-date und sicher ist, dachte ich mir, es wäre an der Zeit, dass Sie mal ein bisschen was zu sehen bekommen. Sie sollten einfach mal in die Anwendungsverwaltung reinschnuppern und vielleicht – hoffentlich – ein wenig begeistert sein. Und seien wir ehrlich: Es macht doch Spaß, sich vorzustellen, dass man sich all die Programme holen kann, die man will, ohne ständig an den Geldbeutel denken zu müssen. Keine nervigen Preisschilder, keine »nur als Testversion verfügbar« – einfach alles griffbereit, ohne dass der Lohnzettel das letzte Wort hat.

Also ja, ich bin bewusst diese Reihenfolge durchgegangen, weil mir wichtig ist, dass Sie von Anfang an auf sicherem Boden stehen. Jetzt, da alles eingerichtet ist, können Sie anfangen, die weite Welt von Linux Mint zu erkunden – ohne sich Sorgen machen zu müssen. Ich hoffe, Sie haben genauso viel Freude daran wie ich!

23.7 Sechste Aufgabe Schreibtischfarben

So, jetzt sind wir schon ziemlich weit gekommen. Das System ist installiert, die Updates sind drauf, die Treiber laufen, und – das Allerwichtigste – wir haben mehrere Timeshift-Sicherungen am Start. Ganz ehrlich, ich finde, wir können uns dafür mal kurz auf die Schulter klopfen. Wir haben gemeinsam schon einiges geschafft, und Sie haben Linux Mint in den letzten Schritten sicherlich schon gut kennengelernt. Und was das Beste daran ist: Es bleibt alles so schön aufgeräumt, so klar, ohne dieses ganze Bling Bling und Tam Tam, das man oft bei anderen Betriebssystemen sieht. Linux Mint bietet einfach eine runde, angenehme Erfahrung, ohne dass man von tausend unnötigen Ablenkungen erschlagen wird.

Jetzt, wo wir uns auf sicherem Boden befinden, können wir uns den kreativeren Dingen widmen. Es wird Zeit, Ihrem Linux Mint ein bisschen Persönlichkeit einzuhauchen! Und das machen wir, indem wir uns um die Schreibtischfarben kümmern. Denn warum nicht? Der Desktop ist der Ort, den Sie am meisten sehen, also warum nicht gleich dafür sorgen, dass er genau so aussieht, wie Sie es wollen?

Wenn Sie mir bis hierher gefolgt sind – und das hoffe ich natürlich – stehen wir jetzt an derselben Stelle: Das System läuft stabil, die wichtigsten Dinge sind erledigt, und wir können uns mit der Individualisierung beschäftigen. Wir beginnen mit den Schreibtischfarben, also der Anpassung Ihres Mint-Desktops nach Ihrem persönlichen Geschmack. Das ist das

Schöne an Linux Mint: Sie können nicht nur die Oberfläche nach Ihren Wünschen gestalten, sondern auch die Farbpalette Ihres Desktops ganz einfach anpassen.

Sie mögen es lieber minimalistisch, mit dezenten, neutralen Farben? Kein Problem. Oder vielleicht doch etwas lebhafter, mit kräftigen Farben, die Ihren Desktop zum Strahlen bringen? Auch das ist kein Thema. Linux Mint gibt Ihnen die Freiheit, Ihren Desktop so zu gestalten, wie Sie es mögen – und das ohne großen Aufwand. Alles ist schön übersichtlich und klar strukturiert, sodass Sie sich nicht durch endlose Menüs und Einstellungen quälen müssen. Die Individualisierungsmöglichkeiten sind direkt zugänglich und einfach umzusetzen.

Und ganz ehrlich, wer will schon einen langweiligen Desktop, der aussieht wie jeder andere? Die Anpassung der Schreibtischfarben gibt Ihnen die Möglichkeit, Ihrem System eine persönliche Note zu verleihen. Es ist wie ein frischer Anstrich für Ihr digitales Zuhause. Also legen wir los und machen Ihren Mint-Desktop zu etwas Einzigartigem!

Klicken Sie im Willkommenbildschirm auf den grünen Button unter dem ersten Abschnitt »Schreibtischfarben« oder gehen sie zum Startmenü und geben Sie »theme« ein. Es öffnet sich das Fenster Themen:

Hier können Sie ganz einfach hell und dunkel wählen oder die Farben anpassen. Spielen sie ruhig damit herum. Sie finden ganz sicher etwas, was ihnen gefällt.

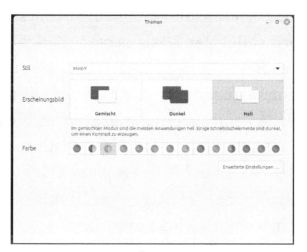

Im Themen-Dialog haben Sie die volle Kontrolle über das Aussehen Ihres Linux Mint Desktops, und das Beste daran: Es ist kinderleicht. Wenn Sie den Button »Erweiterte Einstellungen…« Anklicken, öffnet sich Ihnen eine ganze Welt an Gestaltungsmöglichkeiten. Es ist, als ob Sie in ein digitales Schaufenster eintreten, in dem Sie nach Belieben stöbern und auswählen können, was Ihnen gefällt. Und glauben Sie mir, die Auswahl ist riesig!

Sie haben hier die Möglichkeit, unzählige Themenvorlagen herunterzuladen und anzuwenden. Ob Sie einen eleganten, minimalistischen Look bevorzugen, der alles sauber und aufgeräumt wirken lässt, oder doch eher einen knalligeren, farbenfrohen Stil, der Ihrem Desktop etwas Leben einhaucht – alles ist möglich. Und das Beste daran: Sie sind nicht auf die standardmäßig vorinstallierten Designs beschränkt. Dank der erweiterten Einstellungen stehen Ihnen hunderte von Themes zur Verfügung, die Sie nach Lust und Laune herunterladen und ausprobieren können. Sie möchten, dass Ihr Linux Mint wie ein futuristisches High-tech-System aussieht? Kein Problem. Oder vielleicht eher ein klassischer, nostalgischer Look? Auch das lässt sich in wenigen Klicks umsetzen.

Die Themenvorlagen bieten Ihnen alles: von der Veränderung der Fenstertitelleisten über die Anpassung der Systemfarben bis hin zur Auswahl verschiedener Symbolstile. Sie können die Icons auf Ihrem Desktop individuell anpassen, die Farben von Menüs und Schaltflächen ändern, und selbst das Design Ihrer Leiste oder der Dialogfenster lässt sich komplett personalisieren.

Wenn Ihnen ein Design einmal nicht zusagt, kein Stress. Sie können es einfach wieder ändern oder zu einem anderen zurückkehren. Und das alles passiert sofort und ohne Neustart. Die Flexibilität, die Ihnen hier geboten wird, ist wirklich beeindruckend. Sie können sich Ihr eigenes, individuelles Desktop-Erlebnis zusammenstellen – so, wie es Ihnen am besten gefällt.

Also, wenn Sie Lust haben, Ihren Desktop wirklich zu Ihrem persönlichen Raum zu machen, dann klicken Sie einfach auf »Erweiterte Einstellungen...« und entdecken Sie die vielen Optionen, die Ihnen Linux Mint bietet. Sie werden überrascht sein, wie einfach und zugleich mächtig diese Anpassungsmöglichkeiten sind. Der Fantasie sind keine Grenzen gesetzt – probieren Sie es aus und machen Sie Ihren Mint-Desktop zu einem echten Unikat!

Machen Sie einmal einen Rechtsklick auf den Schreibtisch und wählen Sie dann die Option »Hintergrund des Schreibtisches ändern«. Sie werden erstaunt sein, wie viele wunderschöne Bilder Ihnen zur Verfügung stehen. Linux Mint bietet eine beeindruckende Auswahl an Hintergrundbildern, die Sie nach Belieben durchstöbern können, um das perfekte Bild für Ihren Desktop zu finden. Von beruhigenden Naturmotiven bis hin zu dynamischen Grafiken – es gibt für jeden Geschmack etwas.

Wenn Sie noch einen Schritt weiter gehen möchten, um Ihren Desktop nach Ihren Vorstellungen zu gestalten, machen Sie erneut einen Rechtsklick auf den Schreibtisch und wählen »Anpassen«. Dies führt Sie zu einem neuen Fenster, das die aktuelle Bildschirmanordnung zeigt. Hier haben Sie die Möglichkeit, Ihre Schreibtischumgebung weiter anzupassen.

In diesem Anpassungsfenster finden Sie unten die Schaltfläche »Schreibtischeinstellungen«. Ein Klick darauf öffnet ein weiteres Fenster, in dem Sie verschiedene Elemente auf Ihrem Desktop hinzufügen oder entfernen können. Hier können Sie entscheiden, ob Sie »Computer«, »Persönlicher Ordner«, »Papierkorb«, »Eingeschaltete Geräte« und »Netzwerk« auf Ihrem Schreibtisch anzeigen möchten.

Ich persönlich lasse diese Optionen immer eingeschaltet. Es erleichtert den Zugriff auf wichtige Funktionen und Orte wie meinen persönlichen Ordner oder den Papierkorb direkt vom Desktop aus. Sie können also nach Belieben festlegen, welche Icons und Ordner für Sie am besten sichtbar und zugänglich sind.

Diese Anpassungsoptionen ermöglichen es Ihnen, Ihren Desktop so zu gestalten, dass er nicht nur ästhetisch ansprechend, sondern auch funktional ist. Mit nur wenigen Klicks haben Sie die Freiheit, Ihre Schreibtischumgebung nach Ihren Bedürfnissen und Vorlieben zu personalisieren.

Probieren Sie es aus und machen Sie Ihren Desktop zu einem Ort, der sowohl schön als auch praktisch ist! Ich habe meinen Schreibtisch jetzt so eingestellt und finde es toll:

23.8 Eigene Notizen

Eigene Notizen

24. Datensicherungswerkzeug

Bevor ich Sie nun guten Gewissens auf Ihr brandneues Linux Mint loslassen kann – wie 20 Hühner, denen man Körner hinwirft –, müssen wir noch die Datensicherung einrichten. Das ist genauso einfach, wie bisher alles so unkompliziert war.

Gehen Sie einfach zum Startmenü und geben Sie »Daten« ein. Dies führt Sie direkt zu den verfügbaren Optionen für die Datensicherung. Wählen Sie dann das Datensicherungswerkzeug aus. Damit haben Sie die Möglichkeit, Ihre wertvollen Daten zu schützen und sicherzustellen, dass im Falle eines unerwarteten Problems alles schnell wiederhergestellt werden kann.

Die Einrichtung der Datensicherung ist ein schneller und unkomplizierter Prozess. Sie können entscheiden, ob Sie regelmäßige Sicherungen planen möchten, welche Ordner oder Dateien gesichert werden sollen und wohin die Sicherungen gespeichert werden. Linux Mint macht es Ihnen leicht, ein Backup-System einzurichten, das Ihre Daten regelmäßig sichert, ohne dass Sie ständig daran denken müssen.

Gehen Sie zum Startmenü und tippen Sie Daten ein. Wählen Sie dann das Datensicherungswerkzeug aus:

Es öffnet sich folgender Dialog, Klicken Sie bei Persönliche Daten auf »Jetzt sichern«:

Nun können Sie direkt in den Ordner Sicherungen ihre Datensicherung machen lassen, oder einen ande-

ren Ordner wählen. Ich belasse es zur Veranschaulichung so:

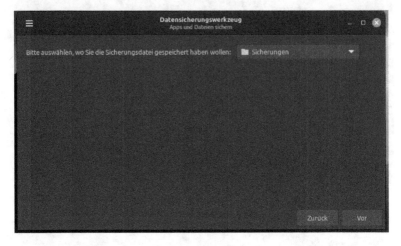

Ausgeschlossen von der Sicherung sind die Sicherungen selbst:

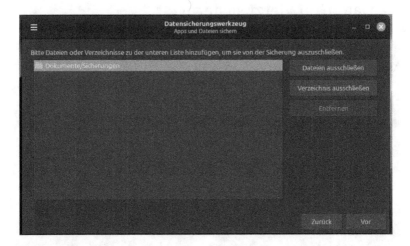

Im nächsten Fenster wählen Sie die Ordner, die gesichert werden sollen. In der Regel ist das der »Persönliche Ordner«, welcher ihre Dokumente, Bilde oder

Videos enthält. Klicken Sie »Verzeichnisse einschließen«. Wählen sie erst mal am besten alle Ordner aus,
indem sie sie markieren:

Dann klicken Sie auf Dateien einschließen. Wählen
alle Dateien aus und klicken unten öffnen:

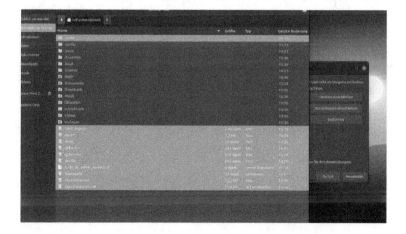

Klicken Sie auf anwenden und die erste Sicherung wird erstellt. Das geht sehr schnell, weil das System noch neu ist:

Das ist ein sehr, sehr einfaches Datensicherungswerkzeug. Ich empfehle Ihnen ein anderes Tool, welches vollautomatisch und nach Zeitplan, verschlüsselt mit Passwort und auch übers Internet in die Cloud sichern kann. Natürlich kostenlos. Zu einsteigen ist das hier aber nicht schlecht. Es sichert halt die Daten.

24.1 Eigene Notizen

Eigene Notizen

25. Besseres Backup-System DejaDup

Gehen Sie zuerst in die Anwendungsverwaltung, die Sie über das Startmenü erreichen. Einfach auf »Startmenü« klicken und dann »Anwendungsverwaltung« auswählen. Dies öffnet das zentrale Programm zur Verwaltung Ihrer Software. Im oberen Suchfeld der Anwendungsverwaltung geben Sie »DejaDup« ein. Dieses leistungsstarke Backup-Tool wird Ihnen umgehend angezeigt.

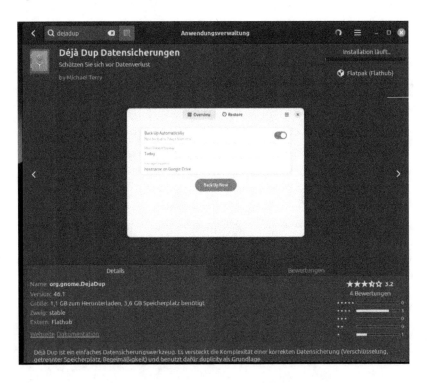

Klicken Sie auf »DejaDup«, um zur Installationsseite zu gelangen. Hier sehen Sie die Schaltfläche »Installieren«. Ein Klick darauf wird das Programm auf Ihrem System einrichten. Die Installation ist in der Regel schnell und unkompliziert, sodass Sie in kürzester Zeit startklar sind. Sobald der Installationsvorgang abgeschlossen ist, drücken Sie einfach »Starten«, um DejaDup zu öffnen.

DejaDup ist ein intuitives und benutzerfreundliches Backup-Werkzeug, das Ihnen eine ganze Reihe von Funktionen bietet. Es ermöglicht Ihnen, regelmäßige Backups Ihrer Dateien und Ordner zu erstellen, ohne dass Sie sich ständig darum kümmern müssen. Die Benutzeroberfläche ist klar strukturiert und bietet Ihnen einen einfachen Zugang zu allen notwendigen Funktionen.

Wenn Sie DejaDup zum ersten Mal starten, werden Sie durch einen unkomplizierten Einrichtungsassistenten geführt. Sie können auswählen, welche Dateien und Ordner gesichert werden sollen, und den Speicherort für Ihre Backups festlegen. DejaDup unterstützt verschiedene Speicherziele wie lokale Festplatten, Netzwerkfreigaben oder sogar Cloud-Dienste wie Google Drive.

Ein großer Vorteil von DejaDup ist seine Flexibilität in der Planung. Sie können die Backup-Zyklen nach Ihren Bedürfnissen einstellen – sei es täglich, wöchentlich oder monatlich. Zudem bietet das Programm die Möglichkeit, inkrementelle Backups zu erstellen, wodurch nur die Änderungen seit dem letzten Backup gespeichert werden. Das spart Speicherplatz und sorgt für schnellere Sicherungsvorgänge.

Ein weiteres Highlight von DejaDup ist die einfache Wiederherstellungsfunktion. Sollte einmal etwas schiefgehen oder Daten verloren gehen, können Sie Ihre gesicherten Daten schnell und unkompliziert wiederherstellen. Dies gibt Ihnen ein zusätzliches Gefühl der Sicherheit, da Sie wissen, dass Ihre wichtigen Daten im Falle eines Problems immer verfügbar sind.

Mit DejaDup haben Sie ein leistungsstarkes Werkzeug zur Hand, das Ihnen dabei hilft, Ihre Daten zuverlässig zu sichern und im Notfall schnell wiederherzustellen. Es ist einfach zu bedienen und bietet viele Optionen zur Individualisierung Ihrer Backup-Strategie. Wenn Sie auf der Suche nach einem besseren Backup-System sind, das Sie bei der Verwaltung Ihrer Daten unterstützt, dann ist DejaDup definitiv eine ausgezeichnete Wahl.

Probieren Sie es aus und erleben Sie, wie einfach es sein kann, Ihre Daten sicher und zuverlässig zu schützen!

26. Programme die benötigt werden könnten

Ich möchte Ihnen hier ein paar Programme vorstellen, die meiner Meinung nach eine bessere Alternative zu den bereits mitgelieferten Anwendungen darstellen. Natürlich erledigen die vorinstallierten Programme die grundlegenden Funktionen gut genug, aber manchmal kann es sinnvoll sein, auf spezialisiertere oder leistungsfähigere Software umzusteigen, um noch mehr aus Ihrem System herauszuholen. Lassen Sie uns also einen Blick auf diese kleinen, aber feinen Empfehlungen werfen, die Ihnen helfen können, Ihre Produktivität zu steigern oder Ihre Nutzererfahrung zu verbessern. Diese Programme sind nicht nur funktional, sondern bieten oft auch zusätzliche Features, die die vorinstallierten Anwendungen nicht immer haben.

Ob es sich um bessere Tools für die Bildbearbeitung, fortgeschrittene Textverarbeitung oder spezielle Anwendungen handelt, die Ihren Alltag erleichtern, ich bin überzeugt, dass Sie in dieser Liste einige wahre Schätze finden werden. Sie sind nicht nur einfach zu installieren, sondern passen auch hervorragend in die Linux-Mint-Umgebung.

Natürlich ist es wichtig zu betonen, dass die vorinstallierten Programme in der Regel solide und zuverlässig sind. Sie sind gut integriert und bieten einen schnellen Zugriff auf die wesentlichen Funktionen. Doch wenn Sie einmal die zusätzliche Leistung und die erweiterten Funktionen der von mir empfohlenen Programme entdeckt haben, werden Sie möglicherweise feststellen, dass sie Ihnen einige Vorteile bieten, die die Standardanwendungen nicht immer bieten können.

Hier also meine Empfehlungen, die Ihnen helfen könnten, Ihr Linux Mint System noch effizienter und individueller zu nutzen. Die Installation dieser Programme ist unkompliziert, und sie fügen sich nahtlos in Ihre bestehende Umgebung ein. Ich hoffe, diese Auswahl wird Ihnen genauso viel Freude bereiten wie mir und Ihnen ermöglichen, noch mehr aus Ihrem System herauszuholen.

26.1 Datensicherung DejaDup

Linux Mint liefert ein grundlegendes Datensicherungswerkzeug mit, das für erste Sicherungen Ihrer Daten durchaus nützlich ist. Es bietet einfache Möglichkeiten, Ihre Dateien zu sichern und gelegentlich auch wiederherzustellen. Doch wenn es um umfassendere Funktionen und eine leistungsfähigere Backup-Lösung geht, empfehle ich Ihnen dringend, DejaDup in Betracht zu ziehen.

DejaDup übertrifft das standardmäßig mitgelieferte Datensicherungswerkzeug in mehreren entscheidenden Aspekten. Eines der größten Vorteile von DejaDup ist die Möglichkeit, automatische Zeitplan-Backups einzurichten. Das bedeutet, dass Sie Ihre Backup-Intervalle genau festlegen können – sei es täglich, wöchentlich oder monatlich. Diese Automatisierung sorgt dafür, dass Ihre Daten regelmäßig gesichert werden, ohne dass Sie manuell eingreifen müssen.

Zusätzlich bietet DejaDup umfassende Verschlüsselungsoptionen, um Ihre Daten während des Backup-Prozesses zu schützen. Das ist besonders wichtig, wenn Sie sensible Informationen sichern und sicherstellen möchten, dass nur Sie oder autorisierte Personen Zugriff auf diese Daten haben.

Ein weiteres herausragendes Merkmal von DejaDup ist die Unterstützung für verschiedene Backup-Ziele. Neben lokalen Speichern können Sie Ihre Sicherungen

auch auf einem FTP-Server oder in der Cloud speichern. Das bedeutet, dass Sie Ihre Daten flexibel und
sicher an verschiedenen Orten aufbewahren können –
sei es auf einem externen Laufwerk, einem Netzwerk-
ordner oder einem Cloud-Dienst wie Google Drive.

DejaDup bietet also eine breite Palette von Funktionen, die über die grundlegenden Möglichkeiten des
mitgelieferten Datensicherungswerkzeugs hinausgehen. Die Benutzeroberfläche von DejaDup ist intuitiv und ermöglicht es Ihnen, Ihre Backups mit wenigen Klicks zu konfigurieren und zu verwalten. Damit
erhalten Sie ein leistungsstarkes Werkzeug, das Ihren
Backup-Bedürfnissen gerecht wird und Ihnen zusätzliche Sicherheit und Flexibilität bietet.

Zusammenfassend lässt sich sagen, dass DejaDup eine
ausgezeichnete Wahl für alle ist, die mehr Kontrolle
und erweiterte Funktionen bei der Datensicherung
wünschen. Es lohnt sich, dieses Tool zu installieren
und zu nutzen, um Ihre wichtigen Daten zuverlässig
zu schützen und regelmäßig zu sichern.
DejaDup kann einfach über die Anwendungsverwaltung installiert werden.

26.2 Eigene Notizen

Eigene Notizen

26.3 Musikplayer Clementine

In Linux Mint wird standardmäßig der Musikplayer Rhythmbox mitgeliefert, der zuverlässig Ihre Musik abspielt und auch die Möglichkeit bietet, Musik zu streamen. Rhythmbox ist eine solide Wahl für viele Nutzer, da es eine gute Grundausstattung an Funktionen bietet und nahtlos in die Linux Mint-Umgebung integriert ist. Doch ich habe eine lange Zeit nach einem Musikplayer gesucht, der nicht nur Musik wiedergeben kann, sondern auch meine spezifischen Anforderungen erfüllt.

Ein großes Manko von Rhythmbox ist die fehlende Ordnerverwaltung. Für mich, und ich vermute auch für viele andere Nutzer, die eine große Musiksammlung haben, ist es essenziell, dass der Musikplayer in der Lage ist, Musik nach Ordnern zu organisieren und anzuzeigen. Bei einer umfangreichen Sammlung, die aus Tausenden von Musikordnern besteht, wird die Verwaltung und der Zugriff auf einzelne Ordner zu einer Herausforderung, wenn der Player diese Funktion nicht unterstützt.

Hier kommt Clementine ins Spiel. Clementine ist ein Musikplayer, der genau diese Lücke schließt. Er bietet eine umfassende Ordnerverwaltung, die es Ihnen ermöglicht, Ihre Musikbibliothek nach Ordnern zu durchsuchen und zu organisieren. Diese Funktion ist für mich besonders wichtig, da ich meine Musik nach verschiedenen Genres, Künstlern und Alben sortiere und direkt auf diese Ordner zugreifen möchte.

Neben der verbesserten Ordnerverwaltung bringt Clementine auch eine automatische Lautstärkeanpassung mit, die dafür sorgt, dass die Lautstärke Ihrer Musik automatisch ausgeglichen wird. Das ist besonders nützlich, wenn Sie verschiedene Musikstücke oder Alben mit unterschiedlichen Lautstärken abspielen, da es eine konsistente Hörerfahrung bietet und lästiges Nachregulieren der Lautstärke überflüssig macht.

Clementine bietet somit nicht nur die Möglichkeit, Ihre Musik effektiv zu verwalten, sondern auch eine Reihe von Zusatzfunktionen, die das Musikhören noch angenehmer gestalten. Es ist intuitiv zu bedienen und erfüllt alle Anforderungen, die ich an einen modernen Musikplayer stelle. Wenn Sie eine große Musiksammlung haben und Wert auf eine umfassende Ordnerverwaltung legen, dann ist Clementine definitiv eine hervorragende Wahl.

Zusammengefasst bietet Clementine alles, was Sie von einem erstklassigen Musikplayer erwarten können, und noch mehr. Es ist die ideale Lösung für alle, die eine effiziente Organisation ihrer Musikbibliothek benötigen und gleichzeitig von zusätzlichen Features profitieren möchten. Probieren Sie Clementine aus und erleben Sie, wie viel besser die Verwaltung Ihrer Musik mit einem geeigneten Player sein kann.

Clementine kann über die Anwendungsverwaltung installiert werden.

27. Shell Commandline

In der Welt von Linux Mint ist die Shell mehr als nur ein weiteres Werkzeug – sie ist das Tor zu einer unendlichen Welt der Möglichkeiten und der tiefen Kontrolle über Ihr System. Doch was genau ist die Shell, und wie können Sie sie für Ihre Bedürfnisse nutzen?

Die Shell, auch als Kommandozeilen-Interpreter bekannt, ist eine Schnittstelle, die es Ihnen ermöglicht, mit Ihrem Computer durch Texteingaben zu kommunizieren. Anders als die grafische Benutzeroberfläche (GUI), bei der Sie Programme durch Klicken auf Symbole und Menüs starten, arbeiten Sie in der Shell mit Befehlen, die Sie direkt eingeben. Diese

Befehle geben dem System Anweisungen, die es dann ausführt.

Ein großer Vorteil der Shell ist ihre Flexibilität und Leistungsfähigkeit. Sie können nahezu jede Aufgabe, die Sie auch mit einer grafischen Oberfläche erledigen könnten, über die Shell durchführen. Dies umfasst das Kopieren und Verschieben von Dateien, das Installieren und Entfernen von Software, das Anpassen von Systemeinstellungen und vieles mehr. Die Shell bietet Ihnen auch Zugang zu fortgeschrittenen Funktionen und Skripten, die in der GUI möglicherweise nicht verfügbar sind.

Ein weiterer Pluspunkt ist die Effizienz. Viele Aufgaben können über die Shell schneller erledigt werden, da Sie keine Mausbewegungen und Klicks benötigen. Sie geben einfach den gewünschten Befehl ein, und das System führt ihn aus. Dies ist besonders nützlich, wenn Sie regelmäßig wiederkehrende Aufgaben haben oder mehrere Befehle hintereinander ausführen möchten.

Um die Shell zu nutzen, öffnen Sie einfach das Terminal, das Sie über das Startmenü finden können. Hier können Sie Ihre Befehle eingeben und die Ausgabe direkt auf dem Bildschirm sehen. Die Shell kann eine steile Lernkurve haben, besonders wenn Sie neu im Umgang mit Kommandozeilen sind, aber es lohnt sich, die Grundlagen zu erlernen. Es gibt zahlreiche Ressourcen und Dokumentationen, die Ihnen helfen können, sich mit den verschiedenen Befehlen und deren Optionen vertraut zu machen.

Achtung: Wenn Sie mit der Shell arbeiten, sollten Sie besonders vorsichtig sein, insbesondere wenn Sie Root-Rechte verwenden. Root-Rechte geben Ihnen uneingeschränkten Zugang zu Ihrem System, was bedeutet, dass Sie auch kritische Systemdateien und -konfigurationen ändern können. Ein Fehler oder ein falsch eingegebener Befehl kann ernsthafte Konsequenzen haben, einschließlich der Beschädigung Ihres Systems oder des Verlusts von Daten. Daher ist es unerlässlich, bei der Arbeit mit Root-Rechten äußerst präzise und vorsichtig zu sein. Wenn Sie sich unsicher sind, ziehen Sie in Erwägung, sich zusätzliche Informationen einzuholen oder vorsichtshalber ein Backup Ihrer wichtigen Daten zu erstellen, bevor Sie tiefer in die Shell-Befehle einsteigen.

Es lässt sich sagen, dass die Shell ein mächtiges Werkzeug ist, das Ihnen die vollständige Kontrolle über Ihr System gibt und es Ihnen ermöglicht, Aufgaben auf effiziente und direkte Weise zu erledigen. Nutzen Sie ihre Möglichkeiten weise und mit Bedacht, und Sie werden feststellen, wie sehr sie Ihre Arbeit mit Linux Mint bereichern kann.

Auch wenn Linux Mint so konzipiert ist, dass es nahezu vollständig über die grafische Benutzeroberfläche genutzt werden kann, habe ich mich entschieden, ein Kapitel der Shell zu widmen. Warum? Weil die Shell ein integraler Bestandteil von Linux ist und Ihnen tiefere Einblicke und Kontrolle über Ihr System ermöglicht. Auch wenn es möglich ist, Linux Mint fast ausschließlich ohne Shell zu verwenden, ist es dennoch wichtig, ihre Existenz und ihre Möglichkeiten zu verstehen.

Im nächsten Kapitel werde ich Ihnen die wichtigsten Shell-Kommandos vorstellen, die ich selbst oft verwende und die für Sie von Bedeutung sein könnten. Diese Kommandos sind nicht nur nützlich für die Verwaltung und Konfiguration Ihres Systems, sondern sie bieten auch eine effizientere Möglichkeit, bestimmte Aufgaben zu erledigen.

Ein kurzer Überblick über einige grundlegende Shell-Kommandos wird Ihnen helfen, ein besseres Verständnis dafür zu entwickeln, wie Sie Ihr System noch weiter anpassen und optimieren können. Sie werden lernen, wie man Dateien und Verzeichnisse verwaltet, Software installiert und entfernt, sowie andere wichtige Funktionen ausführt.

Es ist jedoch wichtig zu betonen, dass dieses Buch nicht speziell für die Arbeit mit Shell-Befehlen gedacht ist. Die meisten Benutzer von Linux Mint werden die grafische Oberfläche für ihre täglichen Aufgaben nutzen. Trotzdem ist Linux Mint ein echtes Linux-System, und die Shell ist ein mächtiges Werkzeug, das nicht einfach unter den Teppich gekehrt werden kann.

Durch das Verständnis und den Einsatz grundlegender Shell-Kommandos können Sie Ihre Fähigkeiten erweitern und das volle Potenzial Ihres Systems ausschöpfen. Auch wenn Sie sich nicht als Power-User betrachten, kann das Wissen um diese Befehle Ihnen helfen, Probleme schneller zu beheben, Systemadministrationsaufgaben effizienter zu erledigen und letztlich ein besseres Verständnis für die Funktionsweise von Linux Mint zu entwickeln.

Im nächsten Kapitel werde ich Ihnen Schritt für Schritt die wichtigsten Kommandos vorstellen. Diese werden Ihnen nicht nur dabei helfen, sich im System besser zurechtzufinden, sondern auch ein Gefühl für die Macht und Flexibilität der Shell zu bekommen. Bereiten Sie sich darauf vor, eine neue Dimension Ihrer Linux Mint-Erfahrung zu entdecken!

28. Shell Kommandos

Willkommen im nächsten Abschnitt, in dem wir die wichtigsten Shell-Kommandos durchgehen, die Sie vielleicht im Umgang mit Linux Mint nützlich finden könnten. Obwohl viele Aufgaben bequem über die grafische Benutzeroberfläche erledigt werden können, bietet die Shell eine direkte und oft effizientere Methode zur Systemverwaltung. Lassen Sie uns also gemeinsam einen Blick unter die Haube von Linux Mint werfen und herausfinden, welche Kommandos Ihnen das Leben erleichtern können.

Öffnen Sie die Shell. Unten in der Leiste (in Windows Taskleiste) finden Sie ein schwarzes Symbol mit einem kleinen Dollarzeichen drauf, das Terminal Symbol. Nach klick öffnet sich ein Textfenster.

Im Textfenster steht der Name des angemeldeten Benutzers @ Name des Computers. (nuzername@pcname: ~$), das bedeutet: Nutzer mit dem Namen am System mit dem Namen:

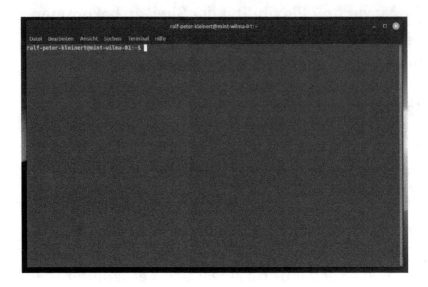

Wenn Sie root Rechte erlangen wollen, geben Sie »sudo su« ein und das Terminal fragt nach dem Passwort:

Sie sind nun als root@pcname: /home/ihr-name# angemeldet und haben nun mit der Shell die absolute

Macht. Sie können mit den richtigen Befehlen das ganz System zerstören. Also seien sie sehr vorsichtig. Am besten machen sie die Shell wieder zu, öffnen Timeshift, machen einen Schnappschuss und gehen dann zurück in die Shell!

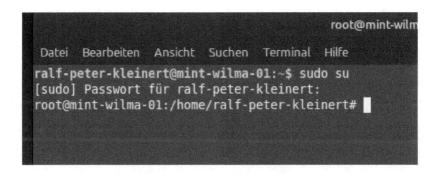

Ich zeige Ihnen nun eine Auswahl wichtiger Shell-Befehle. Keine Sorge – Sie müssen in Linux Mint nicht die Shell benutzen, das System ist weitestgehend über die grafische Benutzeroberfläche (GUI) bedienbar. Das heißt, Sie können sich durch die meisten Einstellungen und Aktionen einfach durchklicken, ohne jemals auch nur einen Blick auf die Shell zu werfen. Aber wenn Sie doch mal einen Befehl brauchen oder neugierig sind, was die Shell so alles kann, dann sind Sie hier genau richtig.

Diese kurze Einführung wird Ihnen keine umfassende Beherrschung der Shell verschaffen – das wäre ein lebenslanger Lernprozess, denn die Möglichkeiten sind nahezu unbegrenzt. Was ich aber tun kann, ist Ihnen ein grundlegendes Verständnis für die Shell zu vermitteln und Ihnen die wichtigsten Befehle an die Hand zu geben, die Ihnen im Alltag begegnen könnten.

Die Shell ist im Grunde genommen das Herzstück jedes Linux-Systems. Hier laufen Befehle direkt ab, ohne den Umweg über hübsche grafische Oberflächen. Die Shell ist kraftvoll, sie ist direkt – aber das bedeutet auch, dass man wissen sollte, was man tut. Wenn man sich an die Shell wagt, dann hat man das Gefühl, unter die Haube zu schauen und direkt mit dem Motor zu arbeiten. Aber wie bei jedem Motor sollte man darauf achten, was man wo anschraubt.

Ich zeige Ihnen hier ein paar Befehle, die praktisch sind und Ihnen vielleicht den ein oder anderen Aha-Moment bescheren. Trauen Sie sich ruhig, die Shell auszuprobieren, aber denken Sie immer daran: Mit großer Macht kommt große Verantwortung! Sie können viel erreichen, aber Sie sollten immer genau wissen, was Sie tun, bevor Sie Enter drücken. Keine Panik – mit Bedacht und Vorsicht ist die Shell ein wunderbares Werkzeug, das Ihre Linux-Erfahrung nur bereichern wird.

28.1 Dateisystem

Die Shell ist offen und Sie können die **Fett** markierten Befehle absetzen. Um im Dateisystem von Linux Mint zu navigieren, verwenden Sie folgende Befehle:

cd (Change Directory): Mit diesem Befehl wechseln Sie das aktuelle Verzeichnis. Zum Beispiel: **cd /home/ benutzername/Dokumente** bringt Sie in das Verzeichnis »Dokumente« innerhalb Ihres home-Verzeichnisses.

cd .. geht ein Verzeichnis rückwärts.

cd /home/benutzername/Dok und Tab, vervollständigt das Wort Dokumente, wenn der Ordner Dokumente in /home/ vorhanden ist.

ls (List): Dieser Befehl zeigt den Inhalt des aktuellen Verzeichnisses an. Verwenden Sie **ls -l** für detailliertere Informationen oder **ls -a**, um versteckte Dateien anzuzeigen.

pwd (Print Working Directory): Dieser Befehl zeigt den vollständigen Pfad des aktuellen Verzeichnisses an.

28.2 Dateien verwalten, Verzeichnisse

cp (Copy): Mit diesem Befehl können Sie Dateien und Verzeichnisse kopieren. Zum Beispiel: **cp datei.txt /home/benutzername/Zielordner/** kopiert die Datei »datei.txt« in den Zielordner.

mv (Move): Dieser Befehl verschiebt oder benennt Dateien und Verzeichnisse um. Zum Beispiel: **mv alteDatei.txt neueDatei.txt** benennt die Datei »alteDatei.txt« in »neueDatei.txt« um.

rm (Remove): Mit diesem Befehl löschen Sie Dateien oder Verzeichnisse. Seien Sie vorsichtig, da gelöschte Dateien nicht in den Papierkorb verschoben werden. Verwenden Sie **rm -r** für das Entfernen von Verzeichnissen einschließlich deren Inhalt.

mkdir (Make Directory): Erstellt ein neues Verzeichnis. Beispiel: **mkdir neuerOrdner** erstellt ein Verzeichnis namens »neuerOrdner«.

rmdir (Remove Directory): Löscht ein leeres Verzeichnis. Beispiel: **rmdir leererOrdner** entfernt das leere Verzeichnis »leererOrdner«.

cat (Concatenate): Zeigt den Inhalt einer Datei an. Beispiel: **cat datei.txt** gibt den gesamten Inhalt der Datei »datei.txt« aus.

less: Zeigt den Inhalt einer Datei seitenweise an, mit der Möglichkeit, durch den Inhalt zu blättern. Beispiel: **less datei.txt** erlaubt es Ihnen, durch den Inhalt der Datei »datei.txt« zu blättern.

head: Zeigt die ersten Zeilen einer Datei an. Beispiel: **head -n 10 datei.txt** zeigt die ersten 10 Zeilen von »datei.txt«.

tail: Zeigt die letzten Zeilen einer Datei an. Beispiel: **tail -n 10 datei.txt** zeigt die letzten 10 Zeilen von »datei.txt«.

find: Sucht nach Dateien und Verzeichnissen im Dateisystem basierend auf Kriterien. Beispiel: **find /home/benutzername -name »*.txt«** sucht nach allen .txt-Dateien im Verzeichnis »/home/benutzername«.

grep: Durchsucht Dateien nach bestimmten Textmustern. Beispiel: **grep »Suchbegriff« datei.txt** sucht nach dem »Suchbegriff« in der Datei »datei.txt«.

28.3 Dateiberechtigungen, Dateieigenschaften

chmod (Change Mode): Ändert die Berechtigungen einer Datei oder eines Verzeichnisses.
Beispiel: **chmod 755 datei.txt** setzt die Berechtigungen für »datei.txt« auf »rwxr-xr-x«.

chown (Change Owner): Ändert den Eigentümer und die Gruppe einer Datei oder eines Verzeichnisses.
Beispiel: **chown benutzername:gruppe datei.txt** ändert den Eigentümer der Datei »datei.txt« auf »benutzername« und die Gruppe auf »gruppe«.

stat: Zeigt detaillierte Informationen über eine Datei oder ein Verzeichnis an, einschließlich Berechtigungen, Größe und Zeitstempel. Beispiel: **stat datei.txt** gibt ausführliche Informationen zur Datei »datei.txt« aus.

28.4 Dateisystemprüfung, Dateisystemreparatur

fsck (File System Consistency Check): Überprüft und repariert Dateisystemfehler. Beispiel: **sudo fsck /dev/sda1** überprüft das Dateisystem auf der Partition »/dev/sda1«.

e2fsck (Ext2/3/4 Filesystem Check): Dieser Befehl ist spezifisch für das Überprüfen und Reparieren von

Ext2-, Ext3- und Ext4-Dateisystemen. Beispiel: **sudo e2fsck -f /dev/sda1**. Dieser Befehl erzwingt eine Dateisystemüberprüfung auf der Partition »/dev/sda1«.

tune2fs (Tune Ext2/3/4 Filesystem): Obwohl tune2fs hauptsächlich verwendet wird, um Dateisystemparameter anzupassen, können Sie damit auch bestimmte Überprüfungen und Wartungen des Dateisystems einplanen. Beispiel: **sudo tune2fs -c 30 /dev/sda1**. Legt fest, dass das Dateisystem auf »/dev/sda1« nach 30 Einhängevorgängen überprüft wird.

badblocks (Check Bad Blocks): Dieser Befehl überprüft eine Festplatte oder Partition auf fehlerhafte Blöcke. Es kann dabei helfen, Hardwareprobleme zu erkennen, die das Dateisystem beschädigen könnten. Beispiel: **sudo badblocks -v /dev/sda1**. Überprüft die Partition »/dev/sda1« auf fehlerhafte Blöcke und gibt den Fortschritt im Detail aus.

smartctl (S.M.A.R.T. Monitoring Tools): Dieses Werkzeug wird verwendet, um den Zustand von Festplatten und SSDs zu überwachen und zu überprüfen. Es verwendet die S.M.A.R.T.-Technologie, um potenzielle Probleme zu erkennen, bevor sie auftreten. Beispiel: **sudo smartctl -a /dev/sda**. Zeigt umfassende

Informationen und den Zustand der Festplatte »/dev/sda« an.

xfs_repair (XFS Filesystem Repair): Wenn Sie ein XFS-Dateisystem verwenden, wird dieser Befehl zur Überprüfung und Reparatur verwendet. XFS ist ein Dateisystem, das vor allem bei großen Dateiservern häufig genutzt wird. Beispiel: **sudo xfs_repair /dev/sda1**. Überprüft und repariert das XFS-Dateisystem auf der Partition »/dev/sda1«.

btrfs check (Btrfs Filesystem Check): Für das Btrfs-Dateisystem verwendet man den Befehl btrfs check, um die Integrität des Dateisystems zu überprüfen und zu reparieren. Beispiel: **sudo btrfs check /dev/sda1**. Führt eine Überprüfung des Btrfs-Dateisystems auf der Partition »/dev/sda1« durch.

mount -o remount,ro und **umount**: Bevor Sie einige der obigen Befehle ausführen, insbesondere solche, die eine direkte Reparatur des Dateisystems beinhalten, sollten Sie das Dateisystem im Nur-Lese-Modus neu einhängen oder es aushängen, um mögliche Datenverluste zu vermeiden. Beispiel: **sudo mount -o remount,ro /dev/sda1**. Hängt das Dateisystem auf »/dev/sda1« im Nur-Lese-Modus neu ein. **sudo**

umount /dev/sda1. Hängt die Partition »/dev/sda1«
aus, damit sie sicher überprüft werden kann.

Aber aufgepasst! Seien Sie immer vorsichtig, wenn Sie
an den Grundlagen Ihres Systems herumschrauben.
Es ist nicht einfach so, dass Sie mal schnell ein Dateisystem überprüfen oder reparieren können, ohne
mögliche Folgen. Sobald Sie anfangen, mit Befehlen
wie fsck, e2fsck, oder gar umount zu arbeiten, haben
Sie tiefere Eingriffe im System. Und wenn Sie dabei
nicht sorgfältig vorgehen, könnten Sie sich ganz
schnell mal die Füße verbrennen – sprich, Sie könnten
Daten verlieren oder sogar Ihr System lahmlegen.

Besonders wichtig: Wenn Sie ein Dateisystem aushängen wollen, um es zu überprüfen oder zu reparieren, dann müssen Sie sich vergewissern, dass keine
wichtigen Prozesse darauf laufen. Stellen Sie sich vor,
Sie hängen eine Partition aus, auf der Ihr Datenbank-
server, wie zum Beispiel MySQL, läuft. Boom, alles
stürzt ab und plötzlich sitzen Sie da und fragen sich,
warum Ihr gesamtes System nicht mehr funktioniert.
Sie müssen also sicherstellen, dass Sie entweder den
betroffenen Service vorher sauber herunterfahren
oder das Dateisystem im Nur-Lese-Modus neu einhängen, bevor Sie irgendetwas damit anstellen.

Ein gutes Beispiel hierfür ist der Befehl umount. Sie nutzen ihn, um Partitionen sicher aus dem System zu entfernen, damit sie überprüft oder repariert werden können. Aber aufgepasst: Wenn Sie beispielsweise das Hauptlaufwerk aus Versehen aushängen, auf dem wichtige Systemdienste oder Programme laufen, dann kann das schwere Konsequenzen haben. Deshalb sollten Sie immer kontrollieren, welche Partition Sie gerade bearbeiten und sicherstellen, dass keine aktiven Anwendungen darauf zugreifen.

Wenn Sie nun das Dateisystem überprüfen oder reparieren wollen, kann Ihnen der Befehl fsck helfen. Dieser Befehl überprüft und repariert inkonsistente Dateisysteme. Aber auch hier gilt: Sie sollten vorsichtig sein. Führen Sie diesen Befehl nur auf einem ausgehängten oder im Nur-Lese-Modus eingehängten Dateisystem aus. Arbeiten Sie niemals mit einem laufenden, schreibenden Dateisystem. Stellen Sie sich vor, Sie würden währenddessen gerade etwas auf die Festplatte schreiben – das Chaos ist vorprogrammiert. Ein Beispiel wäre der Befehl sudo fsck /dev/sda1, der sicherstellt, dass die Partition »/dev/sda1« auf Fehler geprüft wird.

Ein weiteres wichtiges Werkzeug ist badblocks. Dieser Befehl überprüft, ob Ihre Festplatte defekte Blöcke aufweist – also Bereiche, die nicht mehr richtig beschrieben oder gelesen werden können. Es ist ein guter Test, um Hardwareprobleme frühzeitig zu erkennen. Aber hier gilt wieder: Seien Sie vorsichtig. Wenn Sie eine große Festplatte haben, kann dieser Befehl sehr lange laufen. Nutzen Sie ihn also nicht auf einem Datenträger, der gerade aktiv benutzt wird, da dies zu Datenverlusten führen könnte.

Und was ist mit S.M.A.R.T.? Dieser integrierte Selbsttest, den Sie mit dem Befehl smartctl starten können, hilft Ihnen, den Gesundheitszustand Ihrer Festplatten zu überwachen. Auch hier gilt wieder: Dieser Test ist zwar sicherer als die anderen, aber wenn Ihre Festplatte bereits fehlerhafte Blöcke hat, könnte eine zu intensive Nutzung die Situation verschlimmern. Halten Sie daher immer Backups bereit und planen Sie den Austausch der Festplatte, wenn sich Probleme ankündigen.

Auch das tune2fs-Werkzeug kann nützlich sein, um die Wartung Ihres Dateisystems zu automatisieren. Damit können Sie festlegen, nach wie vielen Systemstarts das Dateisystem automatisch überprüft wird. Aber auch hier sollten Sie vorsichtig sein, dass Sie keine Einstellungen vornehmen, die im laufenden Betrieb zu Problemen führen könnten.

Für spezialisierte Dateisysteme wie XFS gibt es den Befehl xfs_repair. XFS ist ein Dateisystem, das speziell für große Datenmengen und hohe Performance entwickelt wurde. Nutzen Sie diesen Befehl nur, wenn Sie sicher sind, dass das XFS-Dateisystem beschädigt ist, und vergessen Sie nicht: Vorher sichern, nachher überprüfen.

Last but not least: Für Btrfs-Dateisysteme gibt es den Befehl btrfs check. Btrfs ist ein modernes Dateisystem, das viele coole Features wie Snapshots und Komprimierung bietet. Auch hier gilt: Führen Sie die Überprüfung nur auf einem nicht genutzten Dateisystem durch, und seien Sie sehr vorsichtig bei der Reparatur – hier kann ein falscher Schritt leicht zu Datenverlust führen.

Denken Sie daran: So mächtig die Shell auch ist, so gefährlich kann sie werden, wenn Sie nicht aufpassen. Arbeiten Sie immer mit Bedacht, und führen Sie nur die Befehle aus, bei denen Sie sich absolut sicher sind. Lieber einmal zu viel nachlesen, als einmal falsch getippt – und das System ruiniert.

Auch wenn Sie einen Befehl eingeben und das System dabei nicht gleich schrotten, kann es durchaus passieren, dass Ihr Rechner für eine Weile unbrauchbar wird. Manche Befehle, gerade die, die auf die Festplatte oder das Dateisystem zugreifen, nehmen so viele Ressourcen in Anspruch, dass der PC oder Server komplett ausgelastet ist. Dann fängt die Maus an zu ruckeln, Programme reagieren nicht mehr, und im schlimmsten Fall wirkt es so, als wäre der ganze Rechner eingefroren. Dabei passiert das nicht etwa, weil Sie etwas kaputt gemacht haben, sondern weil der Befehl, den Sie ausgeführt haben, die volle Aufmerksamkeit der Hardware beansprucht.

Nehmen wir als Beispiel den Befehl dd, der oft dazu genutzt wird, Daten von einem Ort an einen anderen zu kopieren – sei es ein komplettes Laufwerk oder eine Partition. Dieser Befehl arbeitet mit rohen Daten und hat die Angewohnheit, die Festplatten komplett auszulasten. Wenn Sie also gerade einen dd-Befehl laufen haben, der beispielsweise eine große Datei von einer Festplatte auf eine andere kopiert, dann kann das Laufwerk so intensiv beansprucht werden, dass nichts anderes mehr läuft. Das System ist nicht kaputt, aber es ist lahmgelegt, solange die Operation läuft.

Das Gleiche gilt für Befehle wie fsck oder badblocks. Diese können je nach Größe des Datenträgers und der Menge an zu prüfenden Daten stundenlang laufen.

Besonders, wenn Sie diese Befehle auf ein System anwenden, das gerade in Betrieb ist, kann dies dazu führen, dass der Computer nahezu unbenutzbar wird, weil die Festplatte vollständig mit der Überprüfung beschäftigt ist.

Und hier liegt die Crux: Linux ist unglaublich mächtig und flexibel, aber diese Macht muss mit Vorsicht genutzt werden. Viele Befehle wirken harmlos, können jedoch erhebliche Auswirkungen haben, wenn sie nicht korrekt eingesetzt werden. Ich könnte hier unmöglich alle Linux-Befehle auflisten, die es gibt – dieses Buch hätte dann tausende von Seiten, und Sie würden wahrscheinlich nach der Hälfte aufgeben. Doch es ist wichtig, ein Grundverständnis dafür zu entwickeln, dass selbst der scheinbar unscheinbarste Befehl, wenn er auf das Dateisystem oder auf die Ressourcen Ihres Rechners zugreift, gut durchdacht sein sollte.

Denn denken Sie daran: Jeder Befehl, den Sie eingeben, ist wie ein Werkzeug. In den richtigen Händen kann er eine wunderbare Verbesserung bewirken, aber in den falschen oder unachtsamen Händen kann er Ihr System lahmlegen oder im schlimmsten Fall zerstören. Seien Sie also immer vorsichtig, besonders wenn Sie root-Rechte verwenden. Das mag zwar wie

eine Ermächtigung wirken, aber es ist auch ein bisschen wie ein doppeltes Schwert – Sie haben die volle
Kontrolle, aber auch die volle Verantwortung.

28.5 Systeminfos und Verwalten

df (Disk Free): Dieser Befehl zeigt den freien und
belegten Speicherplatz auf Ihren Festplatten an. Verwenden Sie **df -h** für eine menschenlesbare Ausgabe.

du (Disk Usage): Mit diesem Befehl können Sie die
Größe von Dateien und Verzeichnissen anzeigen. Zum
Beispiel zeigt **du -sh /home/benutzername** die
Gesamtgröße des Home-Verzeichnisses an.

top: Dieser Befehl bietet eine Echtzeitansicht der
Systemressourcennutzung und der aktuell laufenden
Prozesse. Er ist nützlich zur Überwachung der
Systemleistung.

28.6 Softwareverwaltung

apt-get: Dieses Kommando wird verwendet, um
Pakete zu installieren, zu entfernen oder zu aktualisieren. Zum Beispiel: **sudo apt-get update** aktualisiert die Liste der verfügbaren Pakete, und **sudo apt-
get install paketname** installiert ein neues Paket.
Wenn Sie als sudo su (root) angemeldet sind, können
sie das sudo vor den Befehlen weglassen.

dpkg: Mit diesem Befehl können Sie Debian-Pakete direkt verwalten. Zum Beispiel: **sudo dpkg -i paket.deb** installiert ein .deb-Paket.

28.7 Benutzerverwaltung

adduser: Dieser Befehl fügt einen neuen Benutzer zum System hinzu. Zum Beispiel: **sudo adduser neuerBenutzer** erstellt ein neues Benutzerkonto.

usermod: Mit diesem Befehl können Sie die Eigenschaften eines bestehenden Benutzers ändern. Zum Beispiel: **sudo usermod -aG sudo benutzername** fügt den Benutzer zur »sudo«-Gruppe hinzu. Dieser Benutzer hat dann also auch root Rechte.

28.8 Systemüberwachung und -steuerung

reboot: Dieser Befehl startet das System neu. Er wird oft verwendet, nachdem Sie Änderungen vorgenommen haben, die einen Neustart erfordern.

shutdown: Mit diesem Befehl können Sie das System herunterfahren. Zum Beispiel: **sudo shutdown -h now** fährt das System sofort herunter.

28.9 Eigene Shell Befehle

Hier können Sie Shell-Befehle notieren, die Sie selbst benötigen und für besonders wichtig halten. Ich habe dafür großzügige sechs Seiten eingeplant, um Ihnen ausreichend Platz zu bieten. Für jemanden, der gerade erst in die Welt von Linux eintaucht, sollte dies mehr als genug Raum sein, um wichtige Befehle und eigene Notizen festzuhalten. Die bereitgestellten sechs Seiten sollten einen soliden Überblick geben und Ihnen helfen, sich an die Befehle zu erinnern, die Sie am häufigsten verwenden.

Falls Sie jedoch zu den Hardcore- und Powerusern gehören, die eine umfangreiche Sammlung an Befehlen und Anmerkungen haben, werden diese sechs Seiten möglicherweise nicht ausreichen. In diesem Fall empfehle ich Ihnen, zusätzliches Notizmaterial bereit zu halten, um Ihre weiterführenden Anmerkungen und speziellen Befehle zu dokumentieren. Diese Seiten sind im Inhaltsverzeichnis eindeutig ausgewiesen, damit Sie sie schnell und unkompliziert finden können, ohne lange suchen zu müssen.

Ich hoffe, dass dieses Layout Ihnen hilft, Ihre Shell-Befehle effektiv zu organisieren und Ihre Linux-

Erfahrungen zu optimieren. Nutzen Sie die bereitgestellten Seiten, um Ihre persönliche Sammlung an
nützlichen Befehlen zu erstellen und behalten Sie den
Überblick über die für Sie wichtigen Informationen.

28.10 Meine Shell Befehle 1

Meine Shell Befehle 1

28.11 Meine Shell Befehle 2

Meine Shell Befehle 2

28.12 Meine Shell Befehle 3

Meine Shell Befehle 3

28.13 Shell Befehl Anlaufstellen

Wenn Sie tiefer in die Arbeit mit der Shell auf Linux Mint eintauchen möchten, gibt es zahlreiche hilfreiche Ressourcen online, die Ihnen nicht nur die Grundlagen beibringen, sondern auch fortgeschrittene Techniken und Befehle erklären. Webseiten wie Tecmint bieten umfassende Listen mit über 100 essenziellen Befehlen, die Sie Schritt für Schritt lernen können (LFCS Prep eBook, https://www.tecmint.com/essential-linux-commands/). Sie decken alles ab – von der Verwaltung von Benutzerkonten bis hin zu detaillierten Anleitungen zur Netzwerküberwachung.

Eine weitere großartige Quelle ist FOSSLinux, https://www.fosslinux.com/103546/the-beginners-guide-to-using-terminal-on-linux-mint.htm, das insbesondere für Einsteiger detaillierte Anleitungen bietet. Hier finden Sie einfache Anweisungen, wie Sie mit grundlegenden Befehlen wie pwd (Arbeitsverzeichnis anzeigen) oder chmod (Datei- und Ordnerberechtigungen ändern) umgehen können. Die Seite behandelt auch die Verwaltung von Softwarepaketen über apt-get und dpkg, was Ihnen hilft, Software direkt über die Kommandozeile zu installieren und zu verwalten (FOSS Linux).

Hier sind einige nützliche deutschsprachige Webseiten, die Ihnen dabei helfen können, Linux Mint
Shell-Befehle zu lernen, nachzuschlagen und besser
zu verstehen:

Ubuntuusers.de - Befehlsübersicht: Diese Seite
bietet eine umfangreiche Übersicht über die wichtigsten Linux-Kommandos, die von der Dateiverwal-
tung über Netzwerkkommandos bis hin zur Prozess-
steuerung reichen. Hier finden Sie alles übersichtlich
und gut dokumentiert. Besonders nützlich ist die Auf-
listung der Netzwerk- und Dateiwerkzeuge. Link:
https://wiki.ubuntuusers.de/Shell/
Befehls%C3%BCbersicht/

**HowtoForge.de - Nützliche Grundbefehle für das
Terminal:** Auf dieser Seite werden wichtige Grundbefehle und deren Einsatz im Terminal unter Linux Mint
und Ubuntu behandelt. Hier finden Sie Anleitungen,
wie Sie Software installieren oder Prozesse verwalten
können. Besonders hilfreich sind die Hinweise zur
Benutzung des Root-Accounts und zur Prozesssteue-
rung. Link: https://www.howtoforge.de/uncategori-
zed/nutzliche-grundbefehle-fur-das-terminal-unter-
linux-mint-11-und-ubuntu-linu/

Computerhilfen.de - Linux Konsolen Befehle:
Diese Seite stellt eine alphabetische Liste der wichtigsten Linux-Kommandos bereit, erklärt deren Funktion und gibt nützliche Beispiele. Hier können Sie schnell nachschlagen, wie grundlegende Operationen wie das Kopieren, Verschieben, oder das Anzeigen von Dateien über das Terminal durchgeführt werden. Link: https://www.computerhilfen.de/info/linux-befehlsuebersicht.html

All diese Seiten bieten Ihnen sowohl die Grundlagen als auch fortgeschrittene Techniken, und sie eignen sich hervorragend als Referenzmaterial für den täglichen Gebrauch oder zur Vertiefung Ihres Wissens über die Linux Shell.

29. Linux Mint Web-Anlaufstellen

Nachdem ich Ihnen nun einen umfassenden Überblick über die Gründe gegeben habe, warum ein Wechsel von Windows zu Linux Mint im Jahr 2024 eine ernsthafte Überlegung wert ist, möchte ich Ihnen noch einmal ins Gedächtnis rufen, weshalb dieser Schritt besonders wichtig sein könnte. Es geht hier nicht nur um die Datensammelwut von Microsoft, die meiner Meinung nach bereits einen klaren Grund darstellt, sondern auch um viele weitere Aspekte, die für einen Wechsel sprechen. Lassen Sie uns tiefer in diese

Gründe eintauchen und herausfinden, warum Linux Mint eine Überlegung wert ist.

Wenn Sie sich entschieden haben, den Schritt zu wagen und Linux Mint auszuprobieren, dann möchte ich Ihnen den Einstieg so einfach wie möglich gestalten. Der Wechsel zu einem neuen Betriebssystem kann zunächst einschüchternd wirken, aber keine Sorge – ich habe einige wertvolle Ressourcen und Anlaufstellen zusammengestellt, die Ihnen den Einstieg erleichtern werden. Insbesondere möchte ich Ihnen die deutschsprachige Installationsanleitung ans Herz legen, die Ihnen Schritt für Schritt durch den Prozess führt und Ihnen wertvolle Tipps und Tricks bietet.

Linux Mint Forum (Deutsch und Englisch): Das offizielle Forum von Linux Mint bietet Unterstützung zu allen Fragen rund um Linux Mint. Egal ob es um Installation, Anpassung oder spezifische Softwarefragen geht – hier findet sich eine große und hilfsbereite Community. Link: https://forums.linuxmint.com/

Linux Mint Wiki (Deutsch): Das Linux Mint Wiki ist eine umfassende Wissensdatenbank, die offizielle Anleitungen und Tipps zur Installation und Verwaltung von Linux Mint bereitstellt. Link: https://linux-mint-installation-guide.readthedocs.io/de/latest/

UbuntuUsers Wiki (Deutsch): Da Linux Mint auf Ubuntu basiert, bietet das UbuntuUsers Wiki ebenfalls wertvolle Informationen und Tutorials zu nahezu allen Themen rund um Linux, von Shell-Befehlen bis zu Systemadministration. Link: https://wiki.ubuntuusers.de/Startseite/

Pro-Linux (Deutsch): Pro-Linux bietet ein großes Forum, regelmäßige News und Anleitungen zu verschiedenen Linux-Themen. Es ist eine der führenden deutschsprachigen Webseiten für Linux-Nutzer. Link: https://www.pro-linux.de/

LinuxQuestions.org (Englisch): Ein klassisches Forum für alle Arten von Linux-Fragen, wo auch spezifische Unterkategorien für Distributionen und Themen wie Virtualisierung oder Sicherheit existieren. Es ist ideal für allgemeine Linux-Fragen (LinuxQuestions). Link: https://www.linuxquestions.org/

It's FOSS (Englisch): Diese Webseite bietet leicht verständliche Anleitungen und News speziell für Desktop-Linux-Nutzer. Hier finden sich auch spezifische Tutorials und Empfehlungen zu Software für Linux Mint (It's FOSS). Link: https://itsfoss.com/useful-linux-websites/

Sie sehen schon, es gibt Anlaufstellen zu Hauf im Internet. Linux Mint hat eine riesige Community, die stetig wächst. Für jedes kleine Problemchen oder jede Frage gibt es irgendwo eine Antwort. Und genau hier wird es richtig spannend. Sie sind nicht alleine unterwegs! Sie haben hier die kleine Referenz von mir bekommen, aber das ist nur der Anfang. Wenn Sie wirklich mal stecken bleiben, werfen Sie einfach Google an – die Suchmaschine wird Ihr bester Freund, versprochen.

Es gibt nichts in Linux Mint, das Sie nicht innerhalb kürzester Zeit finden und nachschlagen können. Von den Grundlagen über Installation und Anpassung bis hin zu fortgeschrittenen Themen wie Shell-Befehlen und Systemoptimierung – das Internet ist voll mit Wissensschätzen. Ob offizielle Foren, spezialisierte Blogs oder Wikis: Die Fülle an Informationen ist gigantisch, und meistens steht hinter jeder Antwort eine helfende Hand aus der Linux-Community.

Gerade wenn Sie neu in der Linux-Welt sind, werden Sie schnell feststellen, dass sich die meisten Fragen schon jemand vor Ihnen gestellt hat. Die Community lebt von genau diesem Austausch. Und das Schöne daran? Egal, ob Sie nun ein Neuling oder ein erfahrener Nutzer sind – jeder hilft jedem. Also keine Scheu, wenn Sie mal auf ein Problem stoßen. Einfach fragen oder nachschlagen, und die Antwort wird Ihnen nicht lange verwehrt bleiben.

Mit so einer großartigen Basis im Rücken können Sie sich sicher sein: Linux Mint bietet Ihnen alle Werkzeuge, die Sie brauchen, und das Internet sorgt dafür, dass Sie diese Werkzeuge auch richtig anwenden können.

29.1 Deutsche Installationsanleitung

Eine der besten Möglichkeiten, sich mit der Installation von Linux Mint vertraut zu machen, ist die Nutzung einer umfassenden, deutschsprachigen Installationsanleitung. Diese Anleitungen sind speziell darauf ausgelegt, Ihnen den gesamten Installationsprozess klar und verständlich zu erklären. Hier sind einige der wichtigsten Vorteile:

Detaillierte Schritt-für-Schritt-Anweisungen: Sie erhalten präzise Anleitungen, die Sie durch jeden Schritt der Installation führen – vom Erstellen eines Boot-Sticks bis hin zur eigentlichen Installation von Linux Mint auf Ihrer Festplatte.

Bilder zur Veranschaulichung: Die Anleitungen enthalten viele Bilder, die Ihnen zeigen, wie die einzelnen

Schritte in der Praxis aussehen. Dies ist besonders hilfreich, um Missverständnisse zu vermeiden und sicherzustellen, dass Sie genau wissen, was als Nächstes zu tun ist.

Tipps und Tricks: Neben den grundlegenden Anweisungen finden Sie auch nützliche Tipps, die Ihnen helfen, typische Fallstricke zu vermeiden und den Installationsprozess so reibungslos wie möglich zu gestalten.

Wo finden Sie diese Anleitungen? Schauen Sie auf Websites und Foren, die sich auf Linux Mint und Linux allgemein spezialisiert haben. Auch die offizielle Linux Mint-Website bietet Ressourcen und Links zu Installationsanleitungen. Es gibt auch viele deutschsprachige Linux-Communities und YouTube-Kanäle, die wertvolle Informationen und Anleitungen bieten.

Linux Mint Installationsanleitung Deutsch: https://linuxmint-installation-guide.readthedocs.io/de/latest/

https://www.linuxmint.com/

Linux Mint 22 Video: https://www.youtube.com/watch?v=DDtMTVWiU4s

Linux Mint Community
https://community.linuxmint.com/

https://tuhlteim.de/category/linux

29.2 Eigene Notizen

Eigene Notizen

30. Tuhl Teim DE

Unter https://tuhlteim.de/category/linux finden Sie
tolle Anleitungen zu Linux. Von Tuhl Teim ist auch
dieses YouTube-Video: https://www.youtube.com/
watch?v=DDtMTVWiU4s. Das Video zeigt Ihnen perfekt auf, was es mit Linux Mint 22 Wilma auf sich hat.
Es lohnt sich, dieses Video anzusehen, um die Entscheidung zu vereinfachen.

In der Welt der Linux-Distributionen gibt es eine Viel-
zahl von Quellen und Communitys, die wertvolle
Informationen und Unterstützung bieten. Eine dieser
bemerkenswerten Ressourcen ist die Website Tuhl
Teim. Wenn Sie sich für Linux Mint oder Linux im All-
gemeinen interessieren, sollten Sie unbedingt einen
Blick auf diese Plattform werfen. Lassen Sie uns die
Website und ihre Vorteile näher betrachten und
herausarbeiten, warum sie eine hervorragende
Anlaufstelle für Linux-Neulinge und -Enthusiasten ist.

30.1 Was ist Tuhl Teim?

Tuhl Teim ist eine umfassende Plattform, die sich auf
Linux Mint, Linux-Distributionen und verwandte
Themen spezialisiert hat. Die Website bietet eine Fülle
von Informationen, Tutorials und Tipps rund um die
Nutzung und das Verständnis von Linux-Systemen.

Hier sind einige der wichtigsten Merkmale, die Tuhl Teim zu einer so wertvollen Ressource machen:

1. Detaillierte Installationsanleitungen

Ein zentraler Aspekt von Tuhl Teim sind die ausführlichen Installationsanleitungen für Linux Mint. Diese Guides sind nicht nur präzise und gründlich, sondern auch speziell darauf ausgelegt, Einsteigern den Übergang zu erleichtern.

Warum ist das wichtig? Weil Sie so eine Schritt-für-Schritt-Anleitung erhalten, die Ihnen hilft, Linux Mint sicher und effektiv zu installieren. Die Anleitungen sind oft mit Bildern und zusätzlichen Tipps versehen, um sicherzustellen, dass Sie alle erforderlichen Schritte korrekt ausführen und mögliche Fallstricke umgehen.

2. Umfangreiche Erklärungen zu Linux Mint

Tuhl Teim bietet tiefgehende Erklärungen zu den verschiedenen Aspekten von Linux Mint. Dies umfasst:

Desktop-Umgebungen: Die Website erklärt ausführlich, welche Desktop-Umgebungen für Linux Mint verfügbar sind – wie Cinnamon, MATE und Xfce – und welche Vor- und Nachteile sie jeweils bieten.

Warum ist das hilfreich? Weil Sie so die verschiedenen Optionen kennenlernen und herausfinden können, welche Desktop-Umgebung am besten zu Ihren Bedürfnissen und Vorlieben passt. Diese Informationen sind entscheidend, um eine informierte Entscheidung darüber zu treffen, welche Version von Linux Mint für Sie am besten geeignet ist.

Systemkonfiguration: Sie erhalten wertvolle Einblicke in die Konfiguration von Linux Mint, einschließlich der Anpassung von Systemsettings und der Installation zusätzlicher Software.

Warum ist das wichtig? Weil Sie durch eine gute Systemkonfiguration die Leistung und Benutzerfreundlichkeit Ihres Systems optimieren können. Tuhl Teim hilft Ihnen dabei, Ihr System nach Ihren Wünschen anzupassen und es optimal für Ihre Nutzung einzurichten.

3. Tipps und Tricks für den Alltag

Die Website bietet nicht nur technische Anleitungen, sondern auch praktische Tipps und Tricks, die Ihnen helfen, Linux Mint effizient zu nutzen. Diese reichen von einfachen Problemlösungen bis hin zu fortgeschrittenen Techniken zur Systemoptimierung.

Warum ist das von Vorteil? Weil diese Tipps den Alltag mit Linux Mint erleichtern und Ihnen helfen, das Beste aus Ihrem System herauszuholen. Ob es darum geht, die Leistung zu verbessern oder häufige Probleme zu lösen – Tuhl Teim bietet Ihnen die Ressourcen, die Sie benötigen.

4. Ein engagiertes Forum und Community-Support

Ein weiterer großer Vorteil von Tuhl Teim ist die engagierte Community, die hinter der Plattform steht. In den Foren und Diskussionen können Sie Fragen stellen, Antworten finden und sich mit anderen Linux-Nutzern austauschen.

Warum ist das wichtig? Weil die Community Ihnen Unterstützung bietet, wenn Sie auf Probleme stoßen oder Fragen haben. Der Austausch mit anderen Nutzern kann oft schnelle Lösungen liefern und zusätzliche Perspektiven bieten, die Ihnen helfen, Ihre Linux-Erfahrung zu verbessern.

5. Sicherheit und Datenschutz

Ein zentraler Punkt bei der Verwendung von Linux Mint ist die Sicherheit und der Datenschutz. Tuhl Teim behandelt auch diese Themen ausführlich und bietet

Anleitungen dazu, wie Sie Ihr System sicher halten und Ihre Daten schützen können.

Warum ist das entscheidend? Weil der Schutz Ihrer persönlichen Daten und die Sicherstellung, dass Ihr System vor Bedrohungen geschützt ist, von größter Bedeutung sind. Tuhl Teim gibt Ihnen die Werkzeuge an die Hand, um sicherzustellen, dass Sie in einer sicheren und geschützten Umgebung arbeiten.

Zusammenfassung:
Tuhl Teim ist eine hervorragende Ressource für alle, die sich mit Linux Mint und der Welt von Linux beschäftigen möchten. Die detaillierten Installations-anleitungen, umfangreichen Erklärungen, praktischen Tipps, engagierten Community-Support und Sicherheitsinformationen machen die Website zu einer wertvollen Anlaufstelle für Einsteiger und erfahrene Nutzer gleichermaßen.

Warum sollten Sie Tuhl Teim nutzen? Weil die Plattform Ihnen nicht nur hilft, sich in der Welt von Linux Mint zurechtzufinden, sondern Ihnen auch die Möglichkeit bietet, Ihre Kenntnisse zu erweitern und Ihr System optimal zu nutzen. Wenn Sie also erwägen, auf Linux Mint umzusteigen oder Ihre Kenntnisse zu vertiefen, sollten Sie unbedingt einen Blick auf Tuhl Teim werfen. Diese Website bietet Ihnen die Ressourcen, die Sie benötigen, um Ihre Linux-Reise erfolgreich und effektiv zu gestalten.

Wenn Sie denken, dass Tuhl Teim nur eine weitere Plattform für Linux-Bezogene Themen ist, dann lassen Sie mich Sie eines Besseren belehren. Die Website bietet weit mehr als nur spezialisierte Erklärungen und Anleitungen rund um Linux Mint. Tatsächlich ist Tuhl Teim eine wahre Goldmine an Informationen aus dem gesamten Bereich der Computertechnik, die sich über die letzten 30 Jahre erstreckt. Diese Fülle an Wissen macht die Seite zu einem unverzichtbaren Werkzeug für alle Technikbegeisterten, und ich persönlich habe über die Jahre immer wieder von den unzähligen Informationen und Ressourcen profitieren können. Lassen Sie mich Ihnen einen genaueren Einblick geben, warum Tuhl Teim so außergewöhnlich ist.

Ein Archiv der Computergeschichte

Tuhl Teim ist nicht nur ein Ort für aktuelle Linux-Themen, sondern auch ein beeindruckendes Archiv, das Informationen und Entwicklungen aus den letzten drei Jahrzehnten der Computertechnik umfasst. Wenn Sie ein Technikenthusiast sind oder einfach nur an der

Evolution der Computerwelt interessiert sind, werden Sie auf Tuhl Teim fündig.

Historische Einblicke: Die Website bietet detaillierte Artikel und Erklärungen zu Entwicklungen, die die Computerwelt geprägt haben. Ob es um die Evolution der Betriebssysteme, die Fortschritte in der Hardware-technologie oder bahnbrechende Innovationen geht – Tuhl Teim liefert Ihnen eine fundierte und historische Perspektive.

Technologische Meilensteine: Von den Anfängen des Personal Computers bis hin zu den neuesten Trends in der IT-Welt – auf Tuhl Teim finden Sie umfassende Informationen über bedeutende techno-logische Meilensteine. Diese Perspektiven sind nicht nur lehrreich, sondern auch faszinierend, wenn man die Geschichte der Computertechnik nachvollziehen möchte.

Praktisches Wissen für den Alltag

Was Tuhl Teim und https://tuhlteim-pedia.de/ beson-ders nützlich macht, ist die Anwendung des umfang-reichen Wissens auf praktische Fragen und Heraus-forderungen, die im Alltag auftreten können. Die Websites bieten nicht nur historische Daten, sondern auch nützliche Tipps und Anleitungen für aktuelle technische Probleme.

Wartung und Reparatur: Wenn es darum geht, Computerprobleme zu diagnostizieren und zu beheben, finden Sie auf Tuhl Teim präzise Anleitungen und bewährte Lösungen. Diese Informationen basieren auf jahrzehntelanger Erfahrung und helfen Ihnen dabei, technische Schwierigkeiten selbst in den Griff zu bekommen.

Optimierung und Anpassung: Tuhl Teim bietet auch wertvolle Ratschläge zur Optimierung und Anpassung Ihrer Systeme. Ob Sie nun Ihr Betriebssystem beschleunigen oder Ihre Hardware aufrüsten möchten – die praktischen Tipps auf Tuhl Teim helfen Ihnen, Ihre Technik effizienter zu nutzen.

Ein Fels in der Brandung für Technikliebhaber

Seit vielen Jahren nutze ich selbst die Informationen und Ressourcen auf Tuhl Teim und bin immer wieder begeistert von der Qualität und Tiefe des Wissens, das dort bereitgestellt wird. Hier sind einige Gründe, warum Tuhl Teim für mich und viele andere ein unverzichtbarer Begleiter geworden ist:

Zuverlässigkeit: Die Informationen auf Tuhl Teim sind gründlich recherchiert und bieten verlässliche Antworten auf eine Vielzahl von technischen Fragen. Sie können sich darauf verlassen, dass die bereitgestellten Inhalte fundiert und präzise sind.

Umfassende Abdeckung: Die Seite deckt ein breites Spektrum an Themen ab, von der Geschichte der Computertechnik bis hin zu aktuellen Entwicklungen und praktischen Tipps. Diese umfassende Abdeckung macht Tuhl Teim zu einer wertvollen Ressource für jeden Technikinteressierten.

Ständige Aktualisierung: Trotz des historischen Fokus wird die Website kontinuierlich aktualisiert. So haben Sie immer Zugang zu den neuesten Informationen und Trends, kombiniert mit einer fundierten historischen Perspektive.

https://tuhlteim-pedia.de/

https://www.youtube.com/@TuhlTeimDE

31. Buch Zusammenfassung

In meinem Buch habe ich Ihnen umfassend dargelegt, warum der Umstieg von Windows auf Linux Mint eine durchweg sinnvolle Alternative darstellen kann. Mein Ansatz zielt darauf ab, die wesentlichen Nachteile des Windows-Betriebssystems und die Herausforderungen im Zusammenhang mit unaufgeforderter Cloud-Speicherung klar zu verdeutlichen. Durch prägnante Beispiele und fundierte Argumente habe ich aufgezeigt, warum es von Vorteil ist, wenn Ihre Daten in Ihren Händen bleiben und nicht unkontrolliert in der Cloud gespeichert werden.

Im Detail habe ich die Risiken und Unsicherheiten erläutert, die mit der Speicherung von Daten in der Cloud verbunden sind. Die Unsicherheit darüber, wie und von wem Ihre Daten möglicherweise genutzt werden, ist ein zentrales Thema, das ich eingehend behandelt habe. Diese Thematik wird besonders relevant, wenn man sich der langfristigen Perspektiven und der möglichen Entwicklungen in der Datenverarbeitung bewusst wird.

Der Kern des Buches beschäftigt sich nicht nur mit der Theorie, sondern bietet auch eine praxisorientierte Anleitung zur Installation und Einrichtung von Linux

Mint. Ich führe Sie Schritt für Schritt durch den Installationsprozess und stelle sicher, dass auch Einsteiger ohne Vorkenntnisse mühelos durch die Installation navigieren können. Darüber hinaus biete ich eine grundlegende Einführung in die Shell, ein essentielles Werkzeug für die effektive Nutzung und Verwaltung von Linux Mint.

Zusammengefasst erhalten Sie mit diesem Buch nicht nur eine überzeugende Argumentation für den Wechsel zu Linux Mint, sondern auch das nötige Handwerkszeug, um das System erfolgreich zu installieren und zu nutzen. Es ist speziell für absolute Anfänger konzipiert, sodass jede Nutzerin und jeder Nutzer, der oder die dieses Buch zur Hand nimmt, eine fundierte Einführung in das Betriebssystem erhält und in der Lage ist, es selbstständig zu bedienen.

Mit den klar strukturierten Anleitungen und den verständlichen Erklärungen bietet Ihnen dieses Buch eine solide Basis, um die Vorzüge von Linux Mint zu entdecken und Ihre digitale Selbstbestimmung zu stärken.

Mir ist bewusst, dass dieses Buch lediglich die essentiellen Themen abdeckt und keineswegs darauf abzielt, Sie zu einem Poweruser zu machen. Das ist auch nicht das Hauptziel meines Werkes. Vielmehr möchte ich Ihnen Linux Mint vorstellen und dem veralteten Image eines »Nerd-Betriebssystems« ein Ende setzen.

Linux Mint ist weit mehr als nur ein alternatives Betriebssystem – es ist eine vollwertige Plattform, die sich problemlos mit Windows messen kann. Tatsächlich wage ich zu behaupten, dass Linux Mint Windows nicht nur ebenbürtig ist, sondern in vielerlei Hinsicht überlegen sein kann. Es kann Windows mit Leichtigkeit »platt machen«, es in die Ecke stellen und ihm die Stirn bieten, ohne dabei in den Hintergrund zu geraten.

Das Ziel meines Buches ist es, Ihnen aufzuzeigen, dass Linux Mint nicht nur eine ernstzunehmende Alternative ist, sondern ein leistungsstarkes System, das modernen Anforderungen gewachsen ist. Es bietet eine benutzerfreundliche Oberfläche, robuste Sicherheitsfeatures und eine hohe Flexibilität, die es Ihnen ermöglicht, Ihre Arbeitsumgebung nach Ihren Wünschen zu gestalten. Dabei ist es gleichzeitig ressourcenschonend und anpassungsfähig.

Durch diese Einführung hoffe ich, Vorurteile abzubauen und Ihnen zu zeigen, dass Linux Mint weit über das Klischee eines komplizierten und nur von Technik-Enthusiasten genutzten Systems hinausgeht. Es ist eine Plattform, die für den Alltag gerüstet ist, und deren Nutzung nicht nur praktikabel, sondern auch angenehm und effizient ist.

Mein Buch gibt Ihnen die notwendigen Grundlagen, um Linux Mint kennenzulernen und erfolgreich zu nutzen. Es soll Ihnen helfen, die Vorteile dieses Systems zu entdecken und Ihnen die Tür zu einer Welt zu öffnen, in der Sie die Kontrolle über Ihre Daten behalten und Ihre digitale Freiheit genießen können. Die Reise von einem Windows-Nutzer zu einem Linux Mint-Anwender mag zunächst ungewohnt erscheinen, doch mit der klaren Anleitung und den praktischen Tipps in diesem Buch werden Sie sich schnell zurechtfinden und von den Vorteilen des Systems profitieren können.

31.1 Ein letzter Tipp für Sie

Liebe Leserinnen und Leser, nachdem Sie sich durch die detaillierte Anleitung und die wertvollen Informationen dieses Buches gearbeitet haben, ist es nun an der Zeit, Ihr neues Betriebssystem Linux Mint ausgiebig zu erkunden. Dies ist der spannende Teil Ihrer Reise – das tatsächliche Entdecken und Erleben der vielfältigen Möglichkeiten, die Ihnen Linux Mint bietet. Hier sind einige Tipps, wie Sie diesen Prozess optimal gestalten können:

Tauchen Sie ein in die Welt von Linux Mint:
Nehmen Sie sich Zeit, sich gründlich in Linux Mint umzusehen. Öffnen Sie das Startmenü und entdecken Sie die Vielzahl an Anwendungen und Funktionen. Klicken Sie auf die verschiedenen Programme, erkunden Sie deren Optionen und sehen Sie sich an, was alles möglich ist. Lassen Sie sich von der Benutzerfreundlichkeit und der Leistungsfähigkeit des Systems begeistern.

Nutzen Sie die vorinstallierten Programme: Linux Mint kommt mit einer Reihe nützlicher Programme, die Ihnen den Alltag erleichtern können. Versuchen Sie, die vorinstallierten Tools wie den Dateimanager, den Webbrowser oder die Textverarbeitung zu verwenden. Erfahren Sie, wie diese Anwendungen Ihre Produktivität steigern und Ihre Aufgaben effizienter gestalten können.

Experimentieren Sie mit den Einstellungen:
Gehen Sie in die Systemeinstellungen und spielen Sie mit den verschiedenen Anpassungsoptionen. Ändern Sie das Design, passen Sie die Benutzeroberfläche an Ihre Bedürfnisse an und experimentieren Sie mit den

verschiedenen Konfigurationen. Dies wird Ihnen helfen, eine Umgebung zu schaffen, die genau auf Ihre Vorlieben abgestimmt ist.

Richten Sie Ihre E-Mail-Konten ein: Ein zentraler Bestandteil Ihres digitalen Lebens ist Ihre E-Mail-Kommunikation. Nutzen Sie Thunderbird, den leistungsstarken E-Mail-Client von Linux Mint, um Ihre E-Mail-Konten einzurichten. Übernehmen Sie alle Ihre bestehenden Konten, richten Sie Ihre E-Mail-Signaturen ein und erkunden Sie die Funktionen zur Organisation Ihrer Nachrichten.

Entdecken Sie neue Software: Linux Mint bietet Zugriff auf eine umfangreiche Sammlung von Software über die Anwendungsverwaltung. Stöbern Sie durch die verfügbaren Programme, installieren Sie neue Anwendungen und erweitern Sie Ihre Möglichkeiten. Von nützlichen Tools bis hin zu unterhaltsamen Programmen – die Auswahl ist riesig.

Werden Sie zum Profi durch Neugier: Seien Sie neugierig und experimentierfreudig. Probieren Sie neue Dinge aus, stellen Sie Fragen und suchen Sie nach Lösungen, wenn Sie auf Probleme stoßen. Ihre Neugier wird Sie nicht nur schneller zum Profi machen, sondern auch Ihre Fähigkeiten und Ihr Wissen erweitern.

Lernen Sie durch Erfahrung: Der beste Weg, sich in Linux Mint zurechtzufinden, ist, es aktiv zu nutzen. Gehen Sie Aufgaben Schritt für Schritt durch, lernen Sie aus Ihren Erfahrungen und entdecken Sie immer neue Funktionen und Möglichkeiten. Je mehr Sie mit Linux Mint arbeiten, desto vertrauter werden Sie mit dem System und desto sicherer werden Sie im Umgang damit.

Viel Spaß und Freude bei Ihrer Entdeckungsreise: Genießen Sie die Reise durch Ihre neue digitale Welt! Linux Mint bietet Ihnen eine Menge spannender Möglichkeiten und eine benutzerfreundliche Umgebung. Haben Sie Spaß beim Entdecken und Experimentieren, und freuen Sie sich über die neue Freiheit und Kontrolle, die Ihnen dieses Betriebssystem bietet.

Mit diesen Tipps werden Sie schnell zum Profi und können die Vorteile von Linux Mint in vollem Umfang nutzen. Viel Erfolg und vor allem viel Freude bei Ihrer Reise in die Welt des Open Source!

32. Geschichte von Windows

Die Geschichte von Windows beginnt im Jahr 1985 mit der Einführung von Windows 1.0. Zu dieser Zeit war Microsoft noch ein relativ kleines Unternehmen, das versuchte, sich in einem von IBM dominierten Markt zu behaupten.

Windows 1.0 war eine grafische Benutzeroberfläche (GUI), die auf MS-DOS aufbaute. Es war ein radikaler Schritt weg von der textbasierten Eingabe der DOS-Zeiten hin zu einer visuellen Darstellung von Programmen und Dateien. Trotz seiner innovativen Ansätze war Windows 1.0 nicht sehr erfolgreich und wurde oft als fehleranfällig und limitiert beschrieben.

Windows 2.0, veröffentlicht im Jahr 1987, brachte einige Verbesserungen mit sich, darunter die Unterstützung für mehr Speicher und eine bessere Verwaltung von Fenstern auf dem Bildschirm. Dieses Update begann, die Grundlage für zukünftige Entwicklungen zu legen, konnte jedoch noch nicht den großen Durchbruch erzielen.

Der wirkliche Durchbruch kam mit **Windows 3.0**, das 1990 veröffentlicht wurde. Windows 3.0 war ein bedeutender Fortschritt und bot eine viel stabilere und leistungsfähigere Plattform als seine Vorgänger. Die Einführung des »Program Manager« und des »File Manager« ermöglichte eine benutzerfreundlichere Interaktion mit dem System. Windows 3.1, das 1992 folgte, verbesserte die Benutzerfreundlichkeit weiter und fügte den ersten echten TrueType-Schriftarten hinzu, was die Druckqualität revolutionierte. Diese Version wurde ein großer Erfolg und festigte Windows‹ Position im Markt.

Mit **Windows 95**, das 1995 auf den Markt kam, trat Microsoft in eine neue Ära der Benutzerfreundlichkeit und Funktionalität ein. Windows 95 führte das Startmenü ein, ein Konzept, das zu einem der Markenzeichen des Systems werden sollte. Die Integration von Plug-and-Play-Technologie vereinfachte die Hardware-Installation erheblich. Auch das Konzept des »Task Managers« und der »Taskleiste« wurde eingeführt. Windows 95 war ein kommerzieller Triumph und setzte neue Maßstäbe für die Betriebssysteme der Zukunft.

Windows 98, veröffentlicht 1998, brachte wichtige Verbesserungen wie bessere Internetintegration und verbesserte Hardwareunterstützung. Es war die erste Windows-Version, die eine nativere Unterstützung für USB-Geräte bot, auch wenn diese Unterstützung noch nicht ganz ausgereift war. Windows ME (Millennium Edition), das 2000 folgte, zielte darauf ab, die Multimediamöglichkeiten und die Benutzerfreundlichkeit weiter zu verbessern, obwohl es aufgrund seiner Stabilitätsprobleme kritisiert wurde.

Windows 2000, das 2000 veröffentlicht wurde, war primär für Unternehmen und professionellen Einsatz gedacht. Es bot eine stabile Plattform mit verbesserter Netzwerksicherheit und Verwaltungstools.

Doch der wirkliche Game-Changer war **Windows XP**, das 2001 herauskam. Windows XP kombinierte die Stabilität von Windows 2000 mit einer benutzerfreundlichen Oberfläche und einem verbesserten Systemkern. Die Einführung des »Luna«-Designs sorgte für eine visuelle Erfrischung. Windows XP wurde extrem populär und blieb viele Jahre lang das bevorzugte Betriebssystem für Privatanwender und Unternehmen.

Windows Vista, veröffentlicht 2007, setzte einen neuen Standard in Bezug auf Sicherheit und visuelle Gestaltung, brachte jedoch auch erhebliche Hardwareanforderungen mit sich, die bei vielen Benutzern zu Performance-Problemen führten.

Windows 7, das 2009 auf den Markt kam, verbesserte die Benutzerfreundlichkeit und die Performance signifikant. Es korrigierte viele der Probleme, die Vista geplagt hatten, und etablierte sich schnell als beliebte Wahl unter den Nutzern.

Windows 8, das 2012 erschien, markierte einen radikalen Designwechsel, der den Fokus auf Touchscreen-Interaktionen und die »Metro«-Oberfläche legte. Das Startmenü wurde durch den Startbildschirm ersetzt, was zu gemischten Reaktionen führte. Windows 8.1, veröffentlicht 2013, führte das klassische Startmenü teilweise zurück und bot viele Verbesserungen in der Benutzerfreundlichkeit und Systemperformance.

Windows 10, das 2015 veröffentlicht wurde, brachte viele der besten Elemente aus früheren Versionen zurück und führte die regelmäßige Update-Strategie ein, die als »Windows-as-a-Service« bekannt ist. Windows 10 ermöglichte ein nahtloses Erlebnis über verschiedene Geräte hinweg und integrierte virtuelle Desktops, den Sprachassistenten Cortana und den Edge-Browser.

Windows 11, veröffentlicht 2021, führte eine umfassende visuelle Überarbeitung ein und brachte neue Funktionen wie Widgets, ein zentrales Startmenü und

verbessertes Multitasking. Es setzte neue Maßstäbe
für Design und Benutzererfahrung und zielte darauf
ab, ein moderneres und leistungsfähigeres Betriebssystem zu bieten.

Die Geschichte von Windows ist eine chronologische
Reise von einem rudimentären Betriebssystem zu
einer umfassenden Plattform, die in der modernen
Welt eine zentrale Rolle spielt. Vom frühen Experimentieren mit grafischen Benutzeroberflächen bis hin
zu fortschrittlichen Features und kontinuierlichen
Updates zeigt Windows eine beeindruckende Evolution. Jedes Update und jede neue Version hat dazu beigetragen, Windows zu dem mächtigen Werkzeug zu
machen, das es heute ist. Es bleibt spannend zu
beobachten, wie sich das Betriebssystem weiterentwickeln wird und welche neuen Innovationen die
Zukunft bringen wird.

33. Gesichte von Linux

Die Geschichte von Linux beginnt 1991, als Linus Torvalds, ein damals 21-jähriger Student an der Universität von Helsinki, die erste Version seines eigenen
Betriebssystems veröffentlichte. Linus war frustriert
von den hohen Kosten und der eingeschränkten Flexibilität des damals populären Betriebssystems MINIX,
das für Lehrzwecke entwickelt wurde. Sein Ziel war es,

ein freies und offenes Betriebssystem zu schaffen, das den Prinzipien des freien Software-Entwicklungs-ansatzes entsprach.

Am 25. August 1991 veröffentlichte Torvalds eine erste Version des Linux-Kernels, die er in einer E-Mail an eine kleine Gruppe von Usenet-Nutzern ankündigte. Diese erste Version war noch sehr rudimentär, aber sie legte den Grundstein für die Entwicklung eines der bedeutendsten Betriebssysteme der Geschichte.

In den frühen Jahren wuchs die Linux-Community schnell. Entwickler aus aller Welt begannen, sich an dem Projekt zu beteiligen, Code beizusteuern und Fehler zu beheben. Die Offenheit des Projekts ermög-lichte es jedem, sich einzubringen, und führte zu einer schnelleren Weiterentwicklung und Verbesserung des Systems.

1992 wurde die erste Version des Linux-Kernels, die unter der GNU General Public License (GPL) ver-öffentlicht wurde, veröffentlicht. Die Entscheidung, die GPL zu verwenden, ermöglichte es, dass Linux als freies und offenes Betriebssystem weiter verbreitet wurde, während es gleichzeitig die Rechte der Ent-wickler und Benutzer schützte.

Mit dem Wachstum von Linux entstanden auch viele verschiedene Distributionen (Distros), die auf unterschiedlichen Bedürfnissen und Präferenzen basierten. Die erste populäre Distribution war Slackware, die 1993 veröffentlicht wurde. Bald darauf folgten weitere bedeutende Distributionen wie Debian (1993) und Red Hat Linux (1994), die die Grundlage für viele spätere Varianten bildeten.

Diese Vielfalt ermöglichte es Benutzern, ein Betriebssystem zu wählen, das ihren spezifischen Anforderungen entsprach, sei es für den Desktop-Einsatz, Serverbetrieb oder spezielle Anwendungen. Jede Distribution brachte ihre eigenen Besonderheiten und Verbesserungen ein, was zur stetigen Weiterentwicklung und Verfeinerung von Linux beitrug.

Im Laufe der 2000er Jahre gewann Linux zunehmend an Bedeutung im Serverbereich. Unternehmen erkannten die Vorteile von Linux, darunter die Stabilität, Sicherheit und Kosteneffizienz, die es im Vergleich zu kommerziellen Betriebssystemen bot. Dies führte zu einer massiven Verbreitung von Linux-Servern, die für Webhosting, Datenbanken und andere kritische Anwendungen eingesetzt wurden.

Die Einführung von Linux in die Cloud-Ära stellte einen weiteren bedeutenden Fortschritt dar. Cloud-Computing-Anbieter wie Amazon Web Services (AWS) und Google Cloud Platform (GCP) setzten auf Linux-basierte Server, um ihre Dienste anzubieten. Dies trug dazu bei, die Akzeptanz und den Einsatz von Linux in der IT-Welt weiter zu verstärken.

Während Linux auf Servern bereits stark etabliert war, kämpfte es weiterhin um Akzeptanz im Desktop-Bereich. Verschiedene Distributionen wie Ubuntu, Fedora und Linux Mint bemühten sich, die Benutzerfreundlichkeit und Zugänglichkeit von Linux zu verbessern, um eine breitere Anwenderbasis anzusprechen.

Ubuntu, das 2004 veröffentlicht wurde, war ein bedeutender Schritt in Richtung Benutzerfreundlichkeit und Benutzerakzeptanz auf dem Desktop. Mit einer klaren Benutzeroberfläche und einer großen Community wurde Ubuntu zu einer der am weitesten verbreiteten Desktop-Distributionen und half, die Wahrnehmung von Linux als benutzerfreundliches Betriebssystem zu etablieren.

Heute ist Linux in vielen Bereichen des digitalen Lebens präsent. Neben der Dominanz auf Servern und in der Cloud hat Linux auch im Bereich der eingebetteten Systeme und des Internet der Dinge (IoT) an Bedeutung gewonnen. Viele Geräte wie Smart-TVs, Router und sogar Fahrzeuge verwenden Linux als Betriebssystem, was seine Flexibilität und Vielseitigkeit unterstreicht.

Die Linux-Community bleibt aktiv und innovativ, und es gibt ständige Entwicklungen und Verbesserungen, die darauf abzielen, das System weiter zu optimieren und an neue Technologien anzupassen. Mit der kontinuierlichen Unterstützung durch eine engagierte Community und die Beteiligung von Unternehmen bleibt Linux ein zentraler Bestandteil der modernen IT-Landschaft.

Die Geschichte von Linux ist eine Geschichte von visionärer Innovation, gemeinschaftlicher Zusammenarbeit und der Kraft der Open-Source-Bewegung. Von den bescheidenen Anfängen eines Studentenprojekts bis hin zu einem globalen Phänomen hat Linux gezeigt, wie Open-Source-Technologie die Welt verändern kann. Die kontinuierliche Entwicklung und die breite Akzeptanz von Linux in verschiedenen Bereichen belegen seine Bedeutung und seine Fähigkeit, den Herausforderungen der modernen Technologie zu begegnen. Es bleibt spannend zu sehen, wie sich Linux weiterentwickeln wird und welche neuen Möglichkeiten und Herausforderungen die Zukunft bereithält.

34. Die Geschichte des Computers

Die Geschichte des Computers ist eine fesselnde Reise durch eine Reihe von revolutionären Entwicklungen und technologischen Sprüngen, die unsere Welt grundlegend verändert haben. Sie beginnt in den frühen Tagen der menschlichen Zivilisation und reicht bis zur modernen Ära der digitalen Vernetzung, die unser tägliches Leben prägt. Lassen Sie uns diesen faszinierenden Werdegang näher betrachten.

Unsere Reise beginnt weit zurück in der Antike, als die Menschen die ersten rudimentären Rechenhilfen entwickelten. Der Abakus, ein einfaches, aber effektives Gerät, wurde bereits in der Antike verwendet, um grundlegende mathematische Berechnungen durchzuführen. Diese frühen Rechenhilfen ermöglichten es den Menschen, komplexe Aufgaben zu bewältigen und legten den Grundstein für die Entwicklung späterer Rechentechnologien.

Die wahre Revolution begann jedoch im 17. Jahrhundert mit der Erfindung der mechanischen Rechenmaschinen. Blaise Pascal, ein französischer Mathematiker, entwickelte 1642 die »Pascaline«, eine der ersten mechanischen Rechenmaschinen. Dieses Gerät konnte Additionen und Subtraktionen durchführen und war ein bedeutender Fortschritt in der Rechentechnologie. Gottfried Wilhelm Leibniz ergänzte Pascals Arbeiten, indem er eine Maschine entwickelte, die auch Multiplikationen und Divisionen ermöglichte. Diese frühen Maschinen waren beeindruckende technische Meisterwerke ihrer Zeit, auch wenn sie noch weit von den heutigen Computern entfernt waren.

Der nächste große Fortschritt kam im 19. Jahrhundert, als Charles Babbage, ein englischer Mathematiker, die »Analytische Maschine« entwarf. Diese Maschine war als universeller Computer konzipiert und stellte ein revolutionäres Konzept dar. Babbage's Analytische Maschine konnte durch den Einsatz von Lochkarten programmiert werden, was als der erste Schritt zur Programmierung angesehen wird. Ada Lovelace, eine Mathematikerin und enge Vertraute Babbages, schrieb Notizen zu dieser Maschine, die als das erste bekannte Computerprogramm gelten. Ihre visionäre Arbeit legte die Grundlagen für die Entwicklung der Programmierung, wie wir sie heute kennen.

Die echte Ära der Computer begann jedoch erst im 20. Jahrhundert mit dem Aufkommen der Elektromecha-

nik und der Elektronik. Während des Zweiten Welt-
kriegs entwickelte der britische Mathematiker Alan
Turing die Colossus-Maschine, die zur Entschlüs-
selung von verschlüsselten Nachrichten der deutschen
Wehrmacht verwendet wurde. Diese Maschine gilt als
einer der ersten echten Computer der modernen Ära.
Gleichzeitig entwickelte der deutsche Ingenieur
Konrad Zuse die Z3, die als der erste vollautomatische,
programmierbare Digitalrechner angesehen wird.
Diese frühen Computer waren beeindruckend, aber
auch enorm groß und teuer.

Die 1950er Jahre brachten die nächste große Innovation: den Transistor. Der Transistor ersetzte die klobi-
gen und unzuverlässigen Vakuumröhren in Computern und ermöglichte die Entwicklung kleinerer, leis-
tungsfähigerer und zuverlässigerer Maschinen. Der
UNIVAC I, der 1951 veröffentlicht wurde, war einer der
ersten kommerziellen Computer und trug dazu bei,
Computertechnologie in den Geschäftsbereich einzu-
führen. Diese Ära war geprägt von der Einführung
neuer Technologien, die die Computertechnik weiter
vorantrieben.

Die 1970er Jahre waren die Geburtsstunde des Mikro-
prozessors. Der Intel 4004, der 1971 auf den Markt
kam, war der erste kommerziell erhältliche Mikropro-

zessor und ermöglichte die Entwicklung von Personal Computern (PCs). Dieser Fortschritt machte Computer für den Alltag der Menschen zugänglich und leitete eine neue Ära der Computernutzung ein. Der Apple II, der 1977 veröffentlicht wurde, war einer der ersten erfolgreichen Personal Computer und bot eine grafische Benutzeroberfläche sowie eine breite Palette von Software.

Die 1980er Jahre erlebten den Aufstieg des IBM-PCs, der 1981 auf den Markt kam und den Standard für die PC-Architektur setzte. Microsoft Windows, das erstmals 1985 veröffentlicht wurde, trug wesentlich zur Verbreitung von Computern bei, indem es eine benutzerfreundliche grafische Oberfläche bot. Mit dem Aufkommen des Internets in den 1990er Jahren erlebte die Welt eine weitere Revolution. Das World Wide Web, entwickelt von Tim Berners-Lee, ermöglichte einen einfachen Zugang zu Informationen und veränderte die Art und Weise, wie Menschen kommunizieren und arbeiten.

In der Gegenwart hat die Computertechnologie eine Vielzahl von Bereichen durchdrungen. Die Einführung von Smartphones und Tablets hat das Computing mobiler und allgegenwärtiger gemacht. Geräte wie das iPhone, das 2007 auf den Markt kam, haben den mobilen Computing-Markt revolutioniert und die Art und Weise verändert, wie wir mit Technologie interagieren. Cloud-Computing hat den Zugriff auf leistungsstarke Rechenressourcen und Speicherplatz vereinfacht und verändert die Art und Weise, wie Unternehmen und Einzelpersonen Computerressourcen nutzen.

Die Zukunft der Computertechnologie verspricht noch aufregendere Entwicklungen. Künstliche Intelligenz (KI) ermöglicht es Maschinen, von Daten zu lernen und komplexe Aufgaben zu übernehmen, während Quantencomputing die Grenzen der Rechenleistung erweitert und neue Möglichkeiten für die Lösung komplexer Probleme eröffnet.

Die Geschichte des Computers ist eine Geschichte von kontinuierlichem Fortschritt und Innovation. Vom frühen Abakus bis zu den modernen Geräten von heute zeigt sich, wie Technologie unsere Welt verändert hat. Die ständige Weiterentwicklung von Computern bietet spannende Möglichkeiten für die Zukunft und wird weiterhin einen tiefgreifenden Einfluss auf unser Leben haben. Es ist faszinierend zu sehen, wie weit wir gekommen sind und welche neuen Entwicklungen die Zukunft der Computertechnologie bereithält.

35. Danksagung

Ich möchte mich aufrichtig bei Ihnen bedanken, dass Sie sich die Zeit genommen haben, mein Buch zu lesen. Es war mir ein großes Anliegen, dieses Werk so zu gestalten, wie ich es mir gewünscht hätte, wenn ich es selbst kaufen würde. Jeder Abschnitt, jede Seite und jedes Detail wurde mit der Absicht verfasst, Ihnen einen echten Mehrwert zu bieten und Ihnen die Informationen auf eine klare und verständliche Weise näherzubringen.

Die Entstehung dieses Buches war ein langwieriger Prozess, der über Jahre hinweg gewachsen ist. Viele der Texte und Artikel, die Sie nun in diesem Buch finden, stammen von meinen Webseiten, die ich seit 2010 betreibe. Schon immer habe ich eine Leidenschaft fürs Schreiben gehegt und im Laufe der Jahre unzählige Artikel veröffentlicht und mehrere Bücher geschrieben. Diese Erfahrungen haben mich nicht nur geprägt, sondern auch dazu beigetragen, dass ich mich immer weiter verbessern wollte.

Im Laufe der Zeit habe ich viele Rückmeldungen erhalten – sowohl positive als auch kritische. Ihre Zuschriften an kontakt@ralf-peter-kleinert.de waren für mich von unschätzbarem Wert. Sie haben mir

gezeigt, was gut ankommt und wo es noch Verbesse-
rungspotenzial gibt. Auch wenn nicht jede Kritik
immer leicht zu verdauen war, haben mich die
schärfsten Anmerkungen nicht davon abgehalten,
weiterzuschreiben. Vielmehr haben sie mir geholfen,
meine Arbeit kontinuierlich zu verfeinern und zu
optimieren.

Es ist mir wichtig, mich für etwaige Fehler oder Unge-
nauigkeiten in diesem Buch zu entschuldigen. Trotz
aller Sorgfalt bei der Recherche und dem Schreiben
können Fehler passieren, und manchmal kann es passieren, dass Informationen nicht ganz korrekt oder
nicht wie beabsichtigt vermittelt werden. Ich bin nur
ein Mensch, und auch Menschen machen Fehler –
manchmal greift man dann doch gewaltig daneben,
wenn ich das so sagen darf.

Falls Sie auf etwas stoßen, das nicht korrekt ist, oder
wenn etwas nicht so funktioniert, wie es beabsichtigt
war, bitte ich um Ihr Verständnis und Ihre Geduld.
Ihre Rückmeldungen sind mir äußerst wichtig, und
ich lade Sie herzlich ein, mich direkt anzuschreiben
oder eine Kritik auf Amazon zu hinterlassen – auch
wenn sie noch so vernichtend sein sollte. Jede Rück-
meldung hilft mir, meine Arbeit zu verbessern und
zukünftige Projekte noch besser zu gestalten.

Nochmals vielen Dank für Ihre Unterstützung und Ihr Interesse an meinem Buch. Es bedeutet mir viel, dass Sie sich auf diese Reise mit mir begeben haben. Ich hoffe, dass Sie etwas Wertvolles aus dem Buch mitnehmen konnten, und freue mich auf Ihre Rückmeldungen.

36. Weitere Bücher von mir

1. **Computer und IT-Sicherheits-Fibel:** Informationen, Tipps und Tricks für Computer-Einsteiger und Fortgeschrittene.
E-Book direkt aufrufen auf Amazon:
https://www.amazon.de/dp/B0D73XN1JS

2. **Proxmox VE 8 Praxisbuch:** kostenlose Virtualisierung für Profis. Das Buch bietet eine Einführung auch für Einsteiger.
E-Book direkt aufrufen auf Amazon:
https://www.amazon.de/dp/B0CW19TM3N

37. Haftungsausschluss

Die Informationen in diesem Buch dienen lediglich allgemeinen Informationszwecken. Ich übernehme keine Gewähr für die Richtigkeit, Vollständigkeit oder Aktualität der bereitgestellten Inhalte. Jegliche Handlungen, die aufgrund der in diesem Buch enthaltenen Informationen unternommen werden, erfolgen auf eigene Verantwortung.

Ich hafte nicht für Schäden, Verluste oder Unannehmlichkeiten, die durch die Nutzung oder Nichtnutzung der Informationen in diesem Buch entstehen. Dies gilt auch für direkte, indirekte, zufällige, besondere, exemplarische oder Folgeschäden.

Ich behalte mir das Recht vor, die Informationen in diesem Buch jederzeit ohne Vorankündigung zu ändern oder zu aktualisieren. Es liegt in der Verantwortung der Leser, die Aktualität der Informationen zu überprüfen.

Diese Haftungsausschlusserklärung gilt für alle Inhalte in diesem Buch, einschließlich Links zu anderen Informationsquellen, die von Dritten bereitgestellt werden. Ich habe keinen Einfluss auf den Inhalt und

die Verfügbarkeit dieser externen Quellen und übernehme keine Verantwortung dafür.

Die Verwendung dieses Buches erfolgt auf eigene
Gefahr, und Leser sollten ihre eigenen Maßnahmen
ergreifen, um sich vor Viren oder anderen schädlichen
Elementen zu schützen.

Änderungen und Irrtümer vorbehalten. 2024

Ralf-Peter Kleinert

www.ingramcontent.com/pod-product-compliance
Lightning Source LLC
La Vergne TN
LVHW051221050326
832903LV00028B/2205